Ökonomie und soziales Handeln

herausgegeben von
Adelheid Biesecker und Klaus Grenzdörffer

Band 3

Ökonomie und »Geschlechterverhältnis«

Zu den Möglichkeiten und Grenzen
der Einbindung des Geschlechterverhältnisses
in die ökonomische Theorie

Sabine Wolf

Centaurus Verlag & Media UG 1996

Die Deutsche Bibliothek – CIP-Einheitsaufnahme
Wolf, Sabine:
Ökonomie und Geschlechterverhältnis : zu den
Möglichkeiten und Grenzen der Einbindung des
Geschlechterverhältnisses in die ökonomische Theorie /
Sabine Wolf. – Pfaffenweiler : Centaurus Verl.-Ges., 1996
  (Ökonomie und soziales Handeln ; Bd. 3)
   ISBN 978-3-8255-0001-6   ISBN 978-3-86226-442-1 (eBook)
   DOI 10.1007/978-3-86226-442-1
NE: GT

ISSN 0948-6178

Satz: Vorlage der Autorin
Umschlaggestaltung: DTP-Studio, Antje Philippi-Käfer, Lenzkirch; Centaurus-Verlag

INHALT

1. Ökonomik und «Geschlechterverhältnis»

„In jeder Disziplin blickt der Wissenschaftler durch eine konstruktivistische
Brille, die ihm ein bestimmtes Bild von
Welt und vom Menschen vermittelt. ...
Das *Menschenbild* wird also nach Vorstellungen, Anschauungen von Welt,
wissenschaftlichen Methoden oder
Denksystemen über den Menschen geprägt."

Bernd Biervert 1991, S.42

Die Brillen, die Wirtschaftswissenschaftler tragen, scheinen so alt zu sein wie die
Disziplin selbst, denn seit ihrer Herausbildung setzt sich die ökonomische Theorie
mit der Frage auseinander, wie Menschen und damit Gesellschaften Güter und
Dienstleistungen produzieren, verwenden und verteilen, ohne daß die vielschichtigen
Veränderungen der letzten zweihundert Jahre zu einem entsprechenden Wandel im
Menschenbild geführt hätten. Wie in anderen Disziplinen ist auch in der Wirtschaftswissenschaft das Menschenbild von „... Vorstellungen, Anschauungen von Welt,
wissenschaftlichen Methoden oder Denksystemen über den Menschen geprägt"
(Biervert 1991, S.42), und obwohl sich die Ökonomik durch ihre kontroversen
Positionen auszeichnet, herrscht weitgehende Einigkeit darüber, daß die Menschen
in ihrer konkreten Körperlichkeit keine wesentliche Rolle für die Theoriebildung
spielen. Um die aus dem Kontext des Wirtschaftens erwachsenen Probleme
methodologisch zu lösen, abstrahiert die ökonomische Theorie von der «Geschlechtlichkeit» der wirtschaftenden Menschen. Männer und Frauen tauchen nur als
TrägerInnen ökonomischer Rollen, als Arbeitskräfte und KonsumentInnen, auf.
Im Menschenbild der ökonomischen Theorie, dem «homo oeconomicus», werden,
so Peter Ulrich, die jeweils „... eigenen, zeittypischen Rationalitäts- und Fort-
schrittserwartungen ..." (Ulrich 1993, S.31) reflektiert, so daß die in der Ökonomik
verwendeten Menschenbilder letztlich als Projektionen des wirtschafts- und

sozialwissenschaftlichen Zeitgeistes verstanden werden können. Hannah Arendt zeigt, daß sich im Rationalitätsverständnis der klassischen politischen Ökonomie und im Anschluß daran auch bei Karl Marx der Zeitgeist der technisch-industriellen Rationalisierung der Wirtschaft im 19. Jahrhundert insofern widerspiegelt, als spezifische Annahmen in bezug auf die Handlungsorientierungen des «homo faber» in die ökonomische Theorie transportiert wurden (Arendt 1981, S.298f.). Diese Handlungsorientierungen, die typisch für den «homo faber» sind und die sich bis heute erhalten haben, bestimmt Arendt als

> „... die Tendenz, alles Vorfindliche und Gegebene als Mittel zu behandeln; das große Vertrauen in Werkzeuge und die Hochschätzung der Produktivität im Sinne des Hervorbringens künstlicher Gegenstände; die Verabsolutierung der Zweck-Mittel-Kategorie und die Überzeugung, daß das Prinzip des Nutzens alle Probleme lösen und alle menschlichen Motive erklären kann ... ." (Arendt 1981, S.298).

In Verbindung mit der Ablösung von einem ethisch-religiös begründeten Weltbild wurden ökonomische Grundsätze entfaltet, „... deren höchstes Ideal Produktivität und deren Vorurteil gegen nicht unmittelbar produktive Tätigkeiten ..." (Arendt 1981, S.298) noch heute von der traditionellen Ökonomik getragen und vertreten werden[1]. Philosophisch fundiert wurde diese Sichtweise Ende des 18. Jahrhunderts durch Jeremy Bentham[2], der den Grundstein für ein neues ethisches Prinzip, den Utilitarismus, legte. Benthams „Prinzip der Nützlichkeit", welches das Fundament der neoklassischen Rationalitätskonzeption bildet, beurteilt eine Handlung aus dem Nutzen des Tuns, ist also erfolgsorientiert. Der daraus abgeleitete quantitative Nutzenbegriff bestimmt seither die traditionelle ökonomische Theorie, denn

> „Benthams Erfindung des 'Lust- und Unlust-Kalküls' hatte den doppelten Vorteil, scheinbar eine mathematische Methode in die moralischen Wissenschaften einzuführen und gleichzeitig ein Prinzip erfunden zu haben, das ausschließlich auf Selbstreflexion beruhte." (Arendt 1981, S.301).

---

1 Die Bestimmung der «Hausarbeit» als unproduktive Tätigkeit ist nur ein Beispiel für das eindimensionale Rationalitätsverständnis.

2 Die „Principles of Moral and Legislation" leitet Bentham wie folgt ein: „Nature has placed mankind under the governance of two souvereign masters, *pain* and *pleasure*." (Bentham, Principles of Moral and Legislation, zitiert nach Parekh (1973)).

Auf dieser Auffassung basiert die neoklassische Ökonomik bis heute. Es wird davon ausgegangen, daß die nutzenorientierte Zweck-Mittel-Rationalität mit der Handlungsrationalität identisch gesetzt werden kann (Biervert/Wieland 1990, S.13), weil die Menschen versuchen, ihren Nutzen zu maximieren: „... ihren Eigennutz, der auch als Lust, Glück und Verbrauch bestimmt wird." (Etzioni 1993, S.110).

Wenn Frauen in den Schriften der Ökonomen überhaupt erwähnt werden, erscheinen sie oft nur in Anmerkungen, Fußnoten oder Danksagungen. Somit ist nicht deutlich, ob und inwieweit die als universell begriffenen «ökonomischen Gesetze» auch auf die Handlungsorientierungen von Frauen zutreffen. Von den männlichen Theoretikern des 18. und 19. Jahrhunderts wurden Frauen in erster Linie als Mütter und Ehefrauen wahrgenommen, der Status eigenständiger ökonomischer Akteure wurde ihnen nicht zugebilligt, „... and as a consequence, normative decisions are made on their behalf regarding the place they should hold in the economy and in society." (Pujol 1992, S.1). Diese normative Entscheidungsgrundlage lieferte die Bezugnahme auf den Markt, weil durch die Bewertung von Arbeitsleistungen anhand der Kriterien «produktiv» oder «unproduktiv» die Tätigkeiten, die vor allem von Frauen geleistet wurden, explizit oder implizit als Ausnahme der entwickelten Regeln ausgelegt werden konnten.

Die haus- und familienbezogenen Tätigkeiten, die fast ausschließlich von Frauen verrichtet werden, gelten seitdem als marginale Aktivitäten einer Volkswirtschaft. Dabei wird übersehen, daß Frauen die Ökonomie in *zweifacher* Hinsicht gestalten: Sie produzieren, verwenden und verteilen Güter und Dienstleistungen sowohl für den Markt als auch für den Familienhaushalt. Diesen zweifachen Bezug von Frauen zur Ökonomie, der in der Doppelbelastung durch Haus- und Erwerbsarbeit sichtbar wird, vernachlässigt die traditionelle Theoriebildung.

Diese Kurzsichtigkeit, an der viele Ökonomen leiden, kritisiert die Feministische Forschung: Sowohl die Denksysteme als auch die Methoden der Wirtschaftstheorie spiegeln verzerrte Wahrnehmungen und Interpretationen ökonomischer Handlungen von Männern einerseits und Frauen andererseits wider. Deutlich wird dies im Menschenbild der Ökonomik, denn im «homo oeconomicus» kommen ausschließlich «maskuline» Eigenschaften zum Ausdruck (Rudolph 1986; Knapp 1986).

Die Feministische Theorie und Forschung ist aus den Sozialwissenschaften hervorgegangen, eng an die Geschichtswissenschaften geknüpft und eingebettet in eine mehr als hundertjährige Tradition der Kritik sozialer, ökonomischer und rechtlicher Ungleichheit von Frauen. Um die Jahrhundertwende vor allem auf die Durchsetzung politischer Forderungen nach rechtlicher und ökonomischer Gleichstellung konzentriert, hat sich seit den siebziger Jahren auch in der Bundesrepublik Deutschland Feministische Forschung als ein eigenständiger Wissenschaftsbereich herausgebildet. In dieser ersten Phase ging es darum, spezifische Erfahrungen, die Frauen im Lauf der Geschichte gemacht haben, zu rekonstruieren und in die Wissenschaften einzuschreiben (Gerhard 1978; Kuhn/Schneider 1979; Kuhn/Rüsen 1982; Schaeffer-Hegel 1988). Durch diesen Versuch ergaben sich nicht nur neue Fragen, sondern es wurden vor allem methodologische Probleme deutlich (Mies 1978; Becker-Schmidt 1984; Müller 1984).

Die Erkenntnis, daß frauenspezifische Erfahrungen mit den dominanten wissenschaftlichen Kategorien und Begriffen nicht adäquat eingefangen werden können, leitet Anfang der achtziger Jahre eine zweite Phase ein, die stärker analytisch ausgerichtet versucht, «Geschlecht» als wissenschaftliche Kategorie zu konzeptionieren (Beer 1987a). Aufgrund der Auseinandersetzung der Feministischen Forschung mit der Frage, warum die «Differenz» die Beziehung zwischen Mann und Frau prägt und diese zu einer Herrschaftsbeziehung macht, obwohl sich moderne Gesellschaften formal am Gleichheitsgrundsatz orientieren, wendet sie sich kritisch gegen die traditionelle Wissenschaftstheorie (Beer 1987a; Schaeffer-Hegel/Watson-Franke 1988; Harding 1989, 1991; List/Studer 1989) und das damit verbundene Rationalitätsverständnis (Kulke 1988, 1990; Fraser 1992; Seifert 1992). An der herkömmlichen Wirtschaftstheorie entzündet sich Kritik aufgrund der Tatsache, daß sowohl die unbezahlte «Hausarbeit» als auch der Zusammenhang zwischen der faktischen Diskriminierung von Frauen auf dem Erwerbsarbeitsmarkt und der geschlechtsspezifischen Arbeitsteilung im Familienhaushalt ausgeblendet werden (Schwarzer 1985; 1992; Werlhof 1978, Walch 1980).

Jedoch weder eine neue Brille der Ökonomen noch die von der Feministischen Forschung formulierte Kritik hat dazu geführt, daß in den sechziger Jahren der traditionelle ökonomietheoretische Blick auf die Welt und den Menschen geschärft und die «Geschlechtlichkeit» bedeutsam wurde, sondern die Entfaltung des „Economic Approach" und der New Home Economics. Durch den „Economic Approach" hat sich der Anwendungsbereich traditioneller wirtschaftswissenschaftlicher Theorie und Forschung so ausgeweitet, daß der rational-ökonomische Ansatz mittlerweile auch auf rechtliche, politische und soziale Sachverhalte bezogen wird, die von der Wirtschaftswissenschaft lange als unzugänglich angesehen wurden. Für diese neue Form ökonomischer Interdisziplinarität steht der Nobelpreisträger Gary S. Becker, der das rational-ökonomische Konzept auf *alle* menschlichen Handlungen ausdehnte, die monetär meßbar sind oder denen „Schattenpreise" unterstellt werden können (Becker 1993, S.7). Ursprünglich verwendet für die Beschreibung von Märkten und staatlicher Politik, wird die utilitaristisch fundierte mainstream economics heute zur Erklärung aller menschlichen Verhaltensweisen herangezogen, wobei von drei zentralen Voraussetzungen ausgegangen wird:

> „Es sind dies die Annahmen, daß Menschen sich bei allem, was sie tun, (1.) rational und (2.) eigeninteressiert verhalten, und daß (3.) auch das Zustandekommen sozialer und kollektiver Verhaltensergebnisse stets durch Bezugnahme auf das Verhalten von Individuen erklärt werden muß." (Ramb/Tietzel 1993, S.V).

Ob familiäre und soziale Beziehungen, Probleme wie Kriminalität oder Kriege, Fragen hinsichtlich des Rechts, der Moral, des Altruismus', der Religion oder der Natur, alle diese Sachverhalte werden mit immer demselben Erklärungsmuster des rational-ökonomischen Ansatzes ausgedeutet. Inzwischen werden diese Ansätze von der Soziologie, der Psychologie und als Ergänzung zur Politikberatung genutzt, wodurch, so Bernd-Thomas Ramb und Manfred Tietzel, die „Ökonomische Verhaltenstheorie" (Ramb/Tietzel 1993) auch in der Bundesrepublik Deutschland ständig an Bedeutung zunimmt.

Mit dem Eindringen der universalistischen Rationalitätsannahme werden gleichzeitig auch die normativen Bewertungen der traditionellen Ökonomik übernommen, so daß diese rational-ökonomische Kolonialisierung komplexer sozialer Verhältnisse in höchstem Maße problematisch ist: Sie transportiert nicht nur ein auf Eigennutz reduziertes Menschenbild in andere Sozialwissenschaften, sondern sie hat das mit ökonomisch-rationalem Verhalten ausgestattete Individuum von ethischen Wertungen befreit und aus seinem sozialen Gefüge gelöst.

Die breite Akzeptanz und multiple Anwendung dieses Ansatzes stellt alle KritikerInnen vor neue Herausforderungen, weil die Ausdehnung des wirtschaftswissenschaftlichen Forschungsgegenstands einhergeht mit der Einengung auf ein Handlungsmodell (Ulrich 1993, S.195ff.), das ausschließlich den Eigennutz als handlungsleitendes Motiv bestimmt. Wenn der „Economic Approach" die Menschen als eigennützige Individuen versteht, die ausnahmslos rational-ökonomisch handeln, sind geschichtliche, kulturelle und soziale Bezüge zugunsten einer erfolgreichen Theoretisierung aufgegeben worden. Durch die Einengung der sozialen Dimensionen der Mensch-Mensch-Beziehungen auf rational-ökonomische Austauschverhältnisse werden lebensweltliche Bedürfnisse und Erfahrungen theoretisch vollständig von ökonomischen Rationalitätsmaßstäben abgekoppelt[3]. Deshalb lehnen sozio- und sozialökonomische Erklärungsansätze (Habermas 1988a; 1988b; Biervert/Held/Wie-

---

3 Lebensweltliche Bedürfnisse entspringen nach Ulrich den praktischen Kriterien des guten Lebens, wobei die Lebenswelt bezugnehmend auf Schütz/Luckmann (1975, S.27ff.) als „jener Erfahrungsbereich der Alltagspraxis, der uns mehr oder weniger 'fraglos gegeben' ist, da wir in ihm aufgewachsen sind" (Ulrich 1993, S.70), verstanden wird.

land 1990; Biervert/Held 1991) das Eindringen des ökonomischen Rationalitätsprinzips in andere Wissenschaftsdisziplinen grundsätzlich ab und versuchen, in Abgrenzung gegenüber der Neoklassik, ein neues Paradigma zu entfalten (Etzioni 1988; Bürgenmeier 1992). Dabei wird die Ökonomie als Subsystem der Gesellschaft bestimmt, die Menschen werden als in sozialen Gruppen lebend, in Gesellschaft eingebettet verstanden und ihre Handlungen aus diesen Zusammenhängen heraus und mit Bezug auf sie erklärt (Etzioni 1988; Granovetter/Swedberg 1992, Ulrich 1993). Da die Ausweitung des Anwendungsbereichs der Ökonomik ohne eine entsprechende Modifikation zentraler Grundannahmen erfolgt ist, fragen sozio- und sozialökonomische Konzeptionen, ob und inwieweit das traditionelle Rationalitätsverständnis die Kolonialisierung der Lebenswelt durch das ökonomische System vorantreibt, damit zu „Pathologien der Moderne" (Habermas 1988b, S.215) führt und die krisenhaften Entwicklungen neuzeitlicher Industriegesellschaften mitträgt (Ulrich 1993) sowie, welche ethischen Anforderungen sich dadurch heute an die Wirtschaftstheorie stellen (Etzioni 1988; 1993).

In den Versuchen, das Handeln nicht nur individualistisch herzuleiten, sondern die Menschen als aus sozialen Gruppen kommend, damit durch diese geprägt und aus diesem Kontext heraus handelnd zu verstehen, spiegeln sich aktuelle kritische Diskurse wider, die die ökonomische Theorie qualitativ erneuern wollen. Der Feministischen Forschung und den sozio- und sozialökonomischen Debatten ist gemeinsam, daß die bestehende Diskrepanz zwischen ökonomischen Modellen und der Realität auf die reduktionistische Analyseform zurückgeführt wird. Aufgrund der übereinstimmenden Ablehnung des liberalistischen, klassischen und neoklassischen Rationalitätsverständnisses wird zum einen versucht, die Verhaltenshypothese mit «maskulinen» und «femininen» Eigenschaften auszustatten (Folbre/Hartmann 1988; Mies 1988b; Beer 1990; Ferber/Nelson 1993) und zum anderen, neue Bewertungsgrundlagen zu entwickeln, die die heutige gesellschaftliche Wirklichkeit der Menschen adäquat einfangen können (Etzioni 1988; Granovetter/Swedberg 1992). Während

11

die Tatsache, daß die wissenschaftlich maßgeblichen Kriterien und Begriffe nicht geeignet sind, zwischen «maskulinen» und «femininen» Handlungsorientierungen zu differenzieren, für die Feministische Forschung die wesentliche methodische Hürde darstellt (Folbre/Hartmann 1988)[4], stehen sozio- und sozialökonomische Diskurse vor dem Problem, wie die Einengung auf die Wahlhandlungsrationalität lebensweltlich geöffnet werden kann.

Für den theoretischen Rahmen, in dem ich meine Fragestellung entfalte, sind die angesprochenen Diskurse der Feministischen sowie der sozio- und sozialökonomischen Forschung konstitutiv, da sie eine Grundlage zur methodischen Vermittlung zwischen ökonomischer Rationalität und lebensweltlicher Vernunft liefern. Ausgangs- und Bezugspunkt meiner Argumentation sind die Konzeptionen Feministischer Forschung, die die Mensch-Mensch-Beziehung, insbesondere das «Geschlechterverhältnis», in den Mittelpunkt stellen und die auf der Suche nach Erklärungen der sozialen Ungleichheit zwischen Männern und Frauen den «Arbeitsbegriff» kritisch wenden. Der diesem Kontext entsprungene Begriff «Frauenarbeit» fängt die frauenspezifische Verflechtung von Haus- und Erwerbsarbeit ein, denn die von Frauen verrichteten Tätigkeiten tauchen als unbezahlte Arbeit in der Familie und als bezahlte Arbeit auf dem Erwerbsarbeitsmarkt auf.

Wenngleich im Rahmen der New Home Economics der «Arbeitsbegriff» auf die «Hausarbeit» ausgedehnt wird, ist diese Auseinandersetzung für die Feministische Forschung keinesfalls abgeschlossen. Solange Fragen nach dem Ursprung menschlicher Bedürfnisse und den Ursachen für ein bestimmtes Verhalten methodisch ausgeblendet werden, können weder die das «Geschlechterverhältnis» konstituierenden sozialen, kulturellen und geschichtlichen Sachverhalte noch sich vollziehende Verän-

---

4 Unterstützt werden diese Hindernisse durch formaltheoretische Modellbildungen, die im Rahmen traditioneller Theorie zum wissenschaftlichen Maßstab avanciert sind. So ist es auch nicht verwunderlich, daß die Konzeptionen, die versuchen, eine Feministische Ökonomik zu entwickeln, bis in die neunziger Jahre auch von kritischer ökonomischer Theoriebildung nicht bzw. kaum berücksichtigt werden.

derungen theoretisch erfaßt werden. Deshalb versucht die Feministische Forschung zu klären, ob ökonomische Prozesse nur «von außen» untersucht werden können (Pujol 1992), welche Ursachen die geschlechtsspezifische Doppelung ökonomischer Rollen hat (Bennholdt-Thomsen 1983, Beer 1990), welche Bedeutung die Kategorie «gender» bzw. «Geschlechtlichkeit» für die Ökonomik hat (Ferber/Nelson 1993; Wolf 1995) oder inwieweit das «Geschlechterverhältnis» als ungleiches bestimmt werden kann, das „... strukturell in die Ökonomie warenproduzierender Gesellschaften eingelassen ist ..." (Beer 1990, S.15).

Diese unterschiedlichen Versuche, verzerrte Sichtweisen und blinde Flecken ökonomischer Theoriebildung zu entdecken sowie diese historisch fundiert zu revidieren, bringen qualitative Neuerungen hervor und formulieren damit zugleich nicht nur neue Herausforderungen für die Ökonomik insgesamt, sondern insbesondere für meine Auseinandersetzung mit der Frage: *Wie kann die ökonomische Theorie das «Geschlechterverhältnis» einbeziehen?*

Die Suche nach den Möglichkeiten und Grenzen der Einbindung des «Geschlechterverhältnisses» in die ökonomische Theorie erfolgt in dieser Arbeit daher unter Bezugnahme auf die Feministische Forschung, die New Home Economics und auf sozio- und sozialökonomischen Debatten. Das Ziel der Arbeit ist die Bestimmung von konzeptionellen Anforderungen an eine Theorie, die in ihrem Gegenstandsbereich das «Geschlechterverhältnis» berücksichtigen kann. Es ist dabei zu klären, auf welchen theoretischen Grundlagen sich diese Konzeptionen entwickeln und inwieweit diese Grundlagen bereits die Einbindung des «Geschlechterverhältnisses» in den Gegenstandsbereich der ökonomischen Theorie eröffnen oder verhindern.

In einem *ersten Schritt* werde ich die Versuche der Feministischen Forschung, die traditionelle Ökonomik zu revidieren, von der Jahrhundertwende bis Ende der achtziger Jahre nachzeichnen. Dieses Kapitel ist historisch strukturiert, liefert einen Überblick über Kernpunkte und Entwicklungslinien der Feministischen Forschung, und stellt, bezugnehmend auf US-amerikanische und bundesrepublikanische

13

Ansätze, theoretische Konzeptionen ins Zentrum, die Kritik an dem „blinden Fleck" ökonomischer Theoriebildung, der unbezahlten Hausarbeit, an normativen Bewertungsgrundlagen und an verzerrten Sichtweisen auf das «Geschlechterverhältnis» formulieren.

Vor diesem Hintergrund wird in einem *zweiten Schritt* eine Auseinandersetzung mit dem „Economic Approach" und Beckers rational-ökonomischer Erklärung der geschlechtsspezifischen Arbeitsteilung im Familienhaushalt geführt. Dabei stehen die Fragen im Mittelpunkt, wie «Geschlechtlichkeit» gedeutet wird und inwieweit trotz der Verhaftung in individualistischen Sichtweisen das «Geschlechterverhältnis» erfaßt wird.

In einem *dritten Schritt* wird auf die sozio- und sozialökonomischen Konzeptionen Bezug genommen, die versuchen, den rational-ökonomischen Ansatz durch ein komplexeres, ethisch fundiertes Paradigma zu ersetzen. Die in diesen Zusammenhängen entfalteten Diskurse liefern methodische Ansatzpunkte zur Veränderung des Rationalitätsverständnisses der Ökonomik, so daß zu untersuchen ist, welche neuen Wege zur theoretischen Einbettung sozialer Beziehungen aufgezeigt werden.

Der abschließende *vierte Schritt* geht wieder zur Feministischen Forschung zurück. Aktuelle, stärker ausdifferenzierte Positionen der Feministischen Forschung, die sich mit den Stichworten «Gleichheit», «Differenz» und «Vielfalt von Differenzen» umreißen lassen, sind um die Benennung konzeptioneller Anforderungen an eine neuzeitliche Ökonomik bemüht. Bezugnehmend auf einen dieser aktuellen Ansätze, den Feministischen Konstruktionismus, sollen die in den ersten drei Schritten entdeckten Bausteine für eine ökonomische Theorie, die in ihrem Gegenstandsbereich das «Geschlechterverhältnis» einzufangen vermag, zusammengesetzt und mögliche Perspektiven aufgezeigt werden.

2. Die «Differenz» als Ansatzpunkt zur Veränderung traditioneller Ökonomik: Zu den Positionen der Feministischen Forschung

> „Es ist richtig, daß die Zivilisation, so wie sie von Männern mit dem Anspruch der Allgemeingültigkeit etabliert worden ist, ihren Machismus reflektiert; selbst ihr Vokabular ist davon geprägt. Bei allem, was wir von ihnen übernehmen, müssen wir wachsam unterscheiden zwischen dem, was wirklich allgemeingültig ist, und dem, was den Stempel ihrer betont maskulinen Einstellung trägt. ... Ich halte es für notwendig, daß wir das Wissen von unserem Standpunkt her revidieren – nicht, daß wir es ablehnen."
>
> Simone de Beauvoir 1974, S.465

Obwohl die Ergebnisse der Feministischen Forschung in fast allen Wissenschaftsdisziplinen dazu beigetragen haben, traditionell «maskuline» Wissensbestände zu verändern und Begriffe neu zu bestimmen, hat Simone de Beauvoirs Kritik an der einseitig verzerrten Sichtweise bis heute nichts an Aktualität und Brisanz verloren: Nach wie vor kommt der Machismus in der Sprache und in den wissenschaftlichen Kategorien zum Ausdruck, und so zielt die Feministische Forschung noch immer darauf ab, dieses Wissen zu revidieren.

Von Feministischer Forschung, Feminismus oder Frauenbewegungen zu sprechen, bedeutet, einen Standpunkt zu beziehen, der Frauen auffordert, ihre Interessen und Rechte zu entdecken, um sie in Forderungen umzusetzen, die unter Umständen auch gegen die Interessen und Rechte von Männern gewendet sind (Mitchell 1981; Benhabib/Cornell 1987; List 1989). Insofern ist Feminismus in erster Linie als ein politischer Begriff zu verstehen, dessen inhaltliche Bestimmung jeweils von den Formen und dem Umfang sozialer Ungleichheit gegenüber Frauen abhängt, somit ständigen

15

und vielfältigen Wandlungen unterliegt, aber immer Ideen und Strömungen der Frauenbewegungen repräsentiert. Die Konzeptionen der Feministischen Forschung können somit auch nicht losgelöst von den sie tragenden Bewegungen gesehen werden, denn sie entstehen, entwickeln und verändern sich in bezug auf die historisch je unterschiedlichen politischen Forderungen verschiedenster frauenbewegter Strömungen. Das zentrale Anliegen Feministischer Forschung besteht heute darin, die

> „... Unterschiede zwischen den Geschlechtern und insbesondere die Unterdrückung und Diskriminierung von Frauen ... als Ergebnis von Geschichte statt als Effekt natürlicher Unterschiede und damit als veränderbar ..." (Gildemeister/Wetterer 1992, S.205)

zu verstehen. Durch die eindeutige Bezugnahme auf Positionen und Interessen einer sozialen Gruppe liegt der Feministischen Forschung eine vom traditionellen Wissenschaftsverständnis abweichende Methode zugrunde, denn es wird ein eindeutig subjektiver Ansatz vertreten:

> „Das Postulat der *Wertfreiheit*, der Neutralität und Indifferenz gegenüber den Forschungsobjekten – bisher wichtigster Maßstab für Objektivität – wird ersetzt durch bewußte *Parteilichkeit*. Bewußte Parteilichkeit wird erreicht durch eine teilweise Identifikation mit den 'Forschungsobjekten'." (Mies 1978, S.47).

Damit ist die «Frau» immer sowohl Subjekt als auch Gegenstand der Forschung. Den gemeinsamen Ausgangspunkt der Feministischen Forschung bildet die subjektive Betroffenheit aller Frauen von sozialer Ungleichheit, wobei subjektive Betroffenheit nicht nur den methodischen Ansatz, sondern auch den sozialen Ort, die sozialen Verhältnisse bezeichnet, von dem bzw. denen Frauen aus forschen. Damit wird die „... vertikale Beziehung zwischen Forschern und Erforschten, die *'Sicht von oben'* ... ersetzt durch die *'Sicht von unten'*." (Mies 1978, S.48). Die doppelte Bezugnahme, auf das Subjekt und den Inhalt, die einhergeht mit der Verbindung von empirischen praxisbezogenen Untersuchungen und theoriebildenden Ansätzen, kennzeichnet die besondere Vielfältigkeit und Dynamik Feministischer Ansätze (Becker-Schmidt 1984).

Verglichen mit anderen Sozialwissenschaften erscheint vor allem die Ökonomik als eine Fachdisziplin, in der sich die traditionellen Wissensbestände bis heute wenig verändert haben, und die sich beharrlich weigert, feministische Forschungsergebnisse anzuerkennen. Der Grund ist in den bestehenden methodologischen Unterschieden zu suchen, denn während sich die mainstream economics als eine wertfreie Wissenschaft im Sinne der Naturwissenschaften versteht, betrachtet sich die Feministische Forschung als eine normative Wissenschaft (Mies 1978; Müller 1984; Fox Keller 1989).

Anhand der unterschiedlichen Bestimmung und Verwendung der Begrifflichkeit «Diskriminierung» kann das gegensätzliche Wissenschaftsverständnis der Feministischen Forschung einerseits und der traditionellen Ökonomik andererseits beispielhaft vor Augen geführt werden. In modernen mikroökonomischen Lehrbüchern wird Studierenden die rational-ökonomische Erklärung menschlicher Handlungen nahegebracht, wobei „ökonomische Akteure" folgendermaßen bestimmt werden:

> „... Der Mensch ist jemand, der hohen Kosten auszuweichen sucht, indem er ihm zur Verfügung stehende bessere Handlungsmöglichkeiten wählt." (Weise 1991, S.1).

Wirtschaften bezeichnet den Umgang mit knappen Gütern als Ergebnis einer individuellen Wahlhandlung, wobei Knappheit bedeutet, daß die Mittel, die zur Bedürfnisbefriedigung zur Verfügung stehen, geringer sind als die Sättigungsgrenze der Bedürfnisse. Da unterstellt wird, daß rational-ökonomisches Handeln die Wahl der besseren Handlungsalternative bedeutet, folgt für das Individuum aus der Güterknappheit der Zwang zur Wahl zwischen Alternativen; d.h. es muß Alternativen diskriminieren. Aus der Knappheit und der damit verbundenen Abwahl von Alternativen resultiert also Diskriminierung.

Diese Argumentation ermöglicht es der traditionellen Wirtschaftstheorie einen erläuternden und wertfreien Standpunkt zu beziehen, von dem aus Diskriminierung als erklärender Begriff im Sinne von Unterscheidung verwendet werden kann. Normative Bestimmungen dieser Begrifflichkeit werden, so Peter Weise, generell als für die Ökonomik nicht geeignet betrachtet und deshalb explizit abgelehnt (Weise 1991, S.16ff.).

Demgegenüber steht die normative Ausdeutung von Diskriminierung im Mittelpunkt der Feministischen Forschung. Um die Ursachen sozialer Ungleichheit zwischen Männern und Frauen aufdecken und benennen zu können, wird der Begriff Diskriminierung als ungerechte Ausgrenzung und Absonderung von Frauen zum Zugang zu bestimmten Gütern und Positionen verstanden (Amsden 1980; Walch 1980; Bennholdt-Thomsen 1983). Mit dieser Sichtweise werden die Benachteiligungen von Frauen auf dem Erwerbsarbeitsmarkt und in der geschlechtsspezifischen Arbeitsteilung im Familienhaushalt als Formen der Diskriminierung bestimmt (Werlhof 1978; Amsden 1989). Der traditionellen Ökonomik, die Jutta Walch als „Ökonomie der Frauendiskriminierung" (1980) charakterisiert, wird entgegengehalten, daß sie die soziale Ungleichheit zwischen den Geschlechtern durch erläuternde Bestimmungen verschleiert. Aber nicht nur die Zusammenhänge zwischen dem Erwerbsarbeitsmarkt und dem Familienhaushalt, zwischen bezahlten und unbezahlten Tätigkeiten, zwischen Arbeit von Männern und Frauen werden verdeckt, sondern darüber hinaus werden Diskriminierungen aufgrund der «Geschlechtlichkeit» nicht zur Kenntnis genommen (Biesecker/Wolf 1995).

Feministische Kritik an der ökonomischen Theoriebildung ist nicht neu. Seit fast einhundert Jahren weisen Kritikerinnen auf die Bedeutung von «Geschlechtlichkeit» hin, ohne daß grundlegende Annahmen der ökonomischen Theoriebildung revidiert wurden. Die folgende Bezugnahme auf die Geschichte und Grundpositionen der Feministischen Forschung soll klären, welche Ansatzpunkte und methodischen Voraussetzungen hinsichtlich der Einbindung des «Geschlechterverhältnisses» in die Wirtschaftstheorie bereits entwickelt wurden.

2.1 Frühe Beiträge zur Bedeutung von «Geschlechtlichkeit» für die ökonomische Theorie

Den Grundstein für die Herausbildung der Feministischen Forschung legten die aus der Ersten Frauenbewegung hervorgegangenen Konzepte, die bereits im letzten Jahrhundert die rechtlich und ökonomisch ungleiche Stellung von Frauen benannten und sie mit der Forderung nach Gleichberechtigung und Gleichstellung verknüpften. Die vor über einhundert Jahren einsetzende Kritik an der ökonomischen Theoriebildung ging einher mit der Auseinandersetzung um die rechtliche Gleichstellung von Frauen in Wirtschaft und Politik.

Einer der wenigen Ökonomen, der sich zusammen mit seiner Frau, Harriet Taylor Mill, fast vierzig Jahre lang auch mit der rechtlich ungleichen Stellung von Frauen beschäftigte, war John Stuart Mill. Als Konsequenz dieser Auseinandersetzungen stellte Mill bereits 1867 im englischen Parlament den allerdings erfolglosen Antrag, Frauen das aktive Wahlrecht zuzubilligen. In der letzten gemeinsamen Abhandlung mit dem Titel „The Subjection of Women", die Mill 1869 nach dem Tod seiner Frau zusammen mit seiner Stieftochter, Helen Taylor, veröffentlichte (Schröder 1976, S.7ff.), vertraten sie die Ansicht,

> „... daß das Prinzip, nach welchem die jetzt existierenden *sozialen Beziehungen*[5] zwischen den beiden Geschlechtern geregelt werden – die gesetzliche Unterordnung des einen Geschlechts unter das andere –, an und für sich ein Unrecht und gegenwärtig eines der wesentlichsten Hindernisse für eine höhere Vervollkommnung der Menschheit sei und daß es deshalb geboten erscheine, an die Stelle dieses Prinzips das der vollkommenen Gleichheit zu setzen, welches von der einen Seite keine Macht und kein Vorrecht zuläßt und von der andern keine Unfähigkeit voraussetzt." (Mill/Taylor Mill/Taylor 1976, S.127).

Durch das vehemente Eintreten für die rechtliche und ökonomische Gleichstellung von Frauen spielte die von Mill und Taylor Mill vorgenommene Analyse der

---

5 Die Hervorhebung ist von mir, S.W.

19

„Subjection of Women" für das englische und amerikanische „suffrage movement" und, da bereits im Erscheinungsjahr die deutschsprachige Übersetzung („Die Hörigkeit der Frau") vorlag, auch für die Frauenbewegung in Deutschland eine zentrale Rolle.

Im Zuge der rechtlichen Gleichstellung, insbesondere durch die Ausweitung des Wahlrechts auf die Frauen, Anfang des 20. Jahrhunderts geriet dieses Werk allerdings in Vergessenheit (Schröder 1976, S.7ff.). Erst 1976 wurde die von Mill und Taylor Mill erabeitete Konzeption, die das Verhältnis zwischen Männern und Frauen als soziale Beziehungen bestimmt, von Joan Kelly Gadol (1976; 1988) wiederentdeckt und zum unverzichtbaren methodologischen Postulat feministischer Geschichtsschreibung weiterentwickelt (Studer 1989, S.97).

Aus heutiger Sicht ist der von Mill und Taylor Mill geführten Auseinandersetzung in zweifacher Hinsicht besondere Bedeutung beizumessen: Erstens war ihre Forderung nach Gleichstellung von Frauen mit der Erkenntnis verbunden, daß die Beziehung von Mann und Frau durch die Gesellschaft geprägt wird. Die Geschlechterbeziehungen werden als soziale Verhältnisse bestimmt, die durch die gesellschaftlichen Bereiche Ökonomie und Politik gestaltet werden. Diese historisch fundierte Herangehensweise zieht zweitens methodische Konsequenzen nach sich: Die Charakterisierung der Geschlechterbeziehungen als soziale Verhältnisse bedeutet, den Prozeßcharakter ökonomischer und politischer Entwicklungen zu berücksichtigen.

Der Feministischen Forschung, die heute davon ausgeht, daß die Kategorie «Geschlechtlichkeit» zur Konstitution und Analyse sozialer Ordnungen beiträgt (Studer 1989, S.98), lieferte die von Mill und Taylor Mill entfaltete Methodologie einen wesentlichen Baustein für die Interpretation des «Geschlechterverhältnisses» als ein soziales Verhältnis.

Ebenso, wie das „suffrage movement" in England und den USA, wurzelte der um die Jahrhundertwende in Deutschland einsetzende Kampf proletarischer und bürgerlicher Frauen um ökonomische und rechtliche Gleichstellung sowohl im Ideengut der französischen Revolution als auch in den ersten Erfahrungen mit der kapitalistischen Produktionsweise (Menschik 1985, S.19ff.). Die Frage nach der Umsetzbarkeit der Forderungen nach „Freiheit, Gleichheit und Brüderlichkeit" für die Frauen machte allerdings deutlich, daß sich durch die Zugehörigkeit zu einer sozialen Gruppe der Kampf um Emanzipation für die proletarischen Frauen grundlegend anders gestaltete als für die bürgerlichen (Nave-Herz 1988).

Der einsetzende Industrialisierungsprozeß, der durch die maschinelle Produktion von Konsumgütern zur Auflösung feudaler familienbezogener Formen der Hauswirtschaft führte, „... verwandelte die Familie von einer Produktions- in eine Konsumtionsgemeinschaft." (Menschik 1985, S.20). Der neu entstehende Arbeitsbereich, die Lohnarbeit, entzog der Masse der Arbeiterfrauen ihre ökonomische Absicherung. Erst die grundlegenden technischen Veränderungen im Produktionsprozeß, wie die Erfindung der Nähmaschine, des mechanischen Webstuhls, der Kämmmaschine etc., schafften eine Grundlage für Frauenerwerbstätigkeit in der Fabrik (Braun 1979, S.209f.). Die Auflösung der Hauswirtschaft und die Einbindung proletarischer Frauen in die Fabrikarbeit bedeutete, daß die räumliche Verbindung zwischen Leben und Arbeit, zwischen Produktion und Konsumtion aufgehoben wurde. Die aus der außerhäuslichen Fabrikarbeit resultierende Doppelbelastung durch Erwerbs- und Hausarbeit prägte die spezifische Situation von Frauen.

Die proletarische Frauenbewegung identifizierte sich aufgrund der Entlohnungs- und Arbeitsbedingungen in den Fabriken weitgehend mit den Zielen der Internationalen Arbeiterbewegung, die die Befreiung der Arbeit durch eine sozialistische Gesellschaftsform propagierte (Niggemann 1981, S. 81f.), und beantwortete die Frage der zukünftigen Stellung der Frau in der Gesellschaft folgendermaßen: „Das Ideal der Emanzipation des weiblichen Geschlechts kann aber nur verwirklicht werden in der sozialistischen Ordnung der freien Arbeit." (Zetkin 1975, S.125).

21

Demgegenüber stellte die ungelernte Fabrikarbeit für die Frauen des Bürgertums eine unstandesgemäße Erwerbsperspektive dar. Mit ihrer Forderung nach Bildung und Erwerbsarbeit wollte die bürgerliche Frauenbewegung die Grundlage für die Gleichstellung und Gleichberechtigung der Geschlechter innerhalb des Bürgertums liefern. Die bürgerliche Frauenbewegung trat für eine Reform der weiblichen Ausbildung ein, insbesondere in sozialen Tätigkeitsbereichen wie Krankenpflege und Kindererziehung. Die Bereiche, in denen junge unverheiratete Frauen ausgebildet werden sollten, waren sozial orientiert und standen in einem engen Bezug zu den zukünftigen Anforderungen häuslicher Tätigkeiten einer Ehefrau. Die Hausarbeit entwickelte sich zum alleinigen Zuständigkeitsbereich von Frauen, wobei die inhaltliche Bestimmung der Aufgaben einer Hausfrau von den Vorstellungen des Bürgertums geprägt wurden: „Die Frau soll und darf arbeiten, wenn es gar nicht anders geht. Aber vor allem und zu allererst ist sie zuständig für die Gestaltung des häuslichen Glücks." (Menschik 1985, S.28).

Die Frauenrechtlerin und Sozialarbeiterin Alice Salomon war die erste Ökonomin, die sich mit der wirtschaftlich ungleichen Situation von Frauen auseinandersetzte und 1906 mit der noch heute innerhalb der Feministischen Forschung umstrittenen Veröffentlichung mit dem Titel: „Die Ursachen der ungleichen Entlohnung von Männer- und Frauenarbeit" promovierte (Dick/Sassenberg 1993, S.324ff.). Als kritische Vertreterin der bürgerlichen Frauenbewegung suchte Salomon nach Erklärungen für die Lohnunterschiede zwischen Männern und Frauen in der Industrie und Landwirtschaft sowie für die Gehaltsdifferenzen im Handel, bei PostbeamtInnen und LehrerInnen (Salomon 1906). Aus ihrer umfangreichen lohntheoretischen Auseinandersetzung geht hervor, daß sie die Ursachen der ungleichen Entlohnung von Männer- und Frauenarbeit auf der Angebotsseite verortete (Salomon 1906, S.37). Im industriellen Bereich führte Salomon die ungleiche Entlohnung weiblicher und männlicher Arbeitskräfte darauf zurück, daß bei männlichen Arbeitskräften vom

Familienbedarf, bei weiblichen hingegen, weil sie überwiegend unverheiratet waren, vom individuellen Bedarf ausgegangen wurde (Salomon 1906, S.43ff.). In den Erwerbsbereichen, die primär mechanisch-geistige Anforderungen stellten, wurden die Gehaltsunterschiede in erster Linie mit einer niedrigeren Schulausbildung und geringerer fachlicher Qualifikation weiblicher Angestellter gerechtfertigt (Salomon 1906, S.72). Obwohl Salomon die unterschiedliche körperliche Konstitution der Geschlechter, die mangelnde Qualifikation von Frauen, das niedrige Alter sowie ihre kurze Berufsdauer als ursächlich für die ungleiche Entlohnung von Männer- und Frauenerwerbsarbeit deutete, lieferte ihr diese Ursachenbestimmung gleichwohl „... keine Erklärung für den ungleichen Lohnmaßstab, für die Tatsache, daß alles, was von Frauen produziert wird, auf dem Markt niedrigere Wertung findet." (Salomon 1906, S.124). Mit Bezug auf das von John Stuart Mill in den „Grundsätzen der politischen Ökonomie" angeführte Argument, daß niedrigere Frauenlöhne durchsetzbar sind, weil Frauen leichter zu ersetzen sind und diese Tatsache als gesellschaftliche Ungerechtigkeit einzustufen ist, konnte Salomon jedoch schlußfolgern, daß eine Frau generell nach einem anderen Maßstab als ein Mann bezahlt wird (Salomon 1906, S.123). Dabei untermauerten Untersuchungen, die sich mit Problemen der modernen Industrie in England auseinandersetzten und die resümierten, „... 'die Frau habe eben außer ihrem Beruf, ihrer Arbeitsfähigkeit immer noch etwas zu verkaufen'" (Webb/Webb, Problems of Modern Industry, zitiert nach Salomon 1906, S.125), dieses Ergebnis.

In der Möglichkeit, durch Prostitution ein zusätzliches Einkommen zu erzielen, sah Salomon einen Anhaltspunkt, der ungleiche Löhne zwar moralisch nicht rechtfertigte, aber faktisch ermöglichte. Deshalb ging sie davon aus, daß die ungleiche Entlohnung letztlich nur beseitigt werden kann, wenn geistiges Umdenken und wirtschaftliche Entwicklungen stattfinden, die die Stellung der Frau in der Erwerbsarbeit und in der Familie neu bewerten (Salomon 1906, S.129). Um grundlegende Veränderungen herbeiführen zu können, sollten die Frauen, so Salomon, beruflich in der Zukunft danach „... streben, nicht mehr auf Grund ihrer **Billigkeit**, sondern ihrer **besondern Eignung** weiter vorzudringen." (Salomon 1906, S.132).

Die Qualität der Analyse Salomons besteht darin, daß sie eine geschlechtsspezifische Betrachtungsweise in die Ökonomik einführt. Dabei bezieht sich Salomon allerdings auf eine Kategorie, die der (ökonomischen) Theoriebildung dieser Zeit fremd war: die «Geschlechtlichkeit». Die Ursache ist darin zu sehen, daß der Umgang mit der Körperlichkeit und den Formen des Sexuallebens voreingenommenen christlich-religiösen Moralvorstellungen unterlag, somit stark tabuisiert war.

Mit der Benennung des Zusammenhangs zwischen den Ursachen der geschlechtlich unterschiedlichen Entlohnung und der Zugehörigkeit zu einem Geschlecht wurde ein (Theoriebau-)Stein ins Rollen gebracht, der aus heutiger Sicht ein wichtiger Anstoß für weitere Fragen nach der Bedeutung von «Geschlechtlichkeit» in der Ökonomik war.

2.2 Die Ent–Deckung der «Geschlechterdifferenz» durch Simone de Beauvoir

Diejenige, die nicht nur weitergehende Fragen nach der Bedeutung von «Geschlechtlichkeit» stellte, sondern deren Analyse zum Fundament der Feministischen Forschung wurde, war Simone de Beauvoir. Ihre Ende der vierziger Jahre in Frankreich geführte Auseinandersetzung knüpft nach zwei Weltkriegen an eine Tradition kritischer Schriften an, die sich gegen die Geringschätzung, Beschränkungen und Verhinderungen gegenüber Frauen wendet und die bis heute nichts an Aktualität verloren hat.

Einleitend zu „Das andere Geschlecht, Sitte und Sexus der Frau"[6] heißt es bei Beauvoir:

„Ich habe lange gezögert, ein Buch über die Frau zu schreiben. Das Thema ist ärgerlich, besonders für die Frauen; außerdem ist es nicht neu. Im Streit um den Feminismus ist schon viel Tinte geflossen, zur Zeit ist er fast beendet ... ." (Beauvoir 1985, S.8).

Leider ist heute, über vierzig Jahre nach dieser Veröffentlichung, das Thema noch genauso ärgerlich, besonders für die Frauen, und ein Ende des Streits um das Thema Feminismus ist nicht abzusehen[7]. Aufgrund ihrer Auseinandersetzung mit den Mythen, die die Männer in der Kosmologie, in der Religion, im Aberglauben, in der Ideologie, in der Literatur geschaffen haben, konnte Beauvoir deutlich machen, daß WissenschaftlerInnen beiderlei Geschlechts mit «maskulinen» Vorurteilen behaftet sind. Aus dieser Erkenntnis resultierte eine spezifische Herangehensweise, die sie selbst folgendermaßen beschrieb:

„Aus der Geschichte leitete ich einige Gedanken ab, die ich noch nirgends angetroffen hatte: Ich verknüpfte die Geschichte der Frau mit der des Erbrechts, das heißt, sie erschien mir als eine Folge der wirtschaftlichen Entwicklung der Männerwelt." (Beauvoir 1989, S.183).

Beauvoirs existentialistisch fundierte Analyse hat Erkenntnisse hervorgebracht und Auseinandersetzungen eröffnet, die bis heute einen großen, wenn auch insbesondere in der Bundesrepublik Deutschland nicht immer ausgewiesenen, Einfluß auf die feministischen Debatten haben. Die Besonderheit der Beauvoir'schen Analyse besteht in der Bestimmung des «Geschlechterverhältnisses» als eine komplementäre Herrschaftsbeziehung zwischen dem Mann als dem Subjekt und der Frau als dem Objekt des Mannes. Die sich aus der Zweiten Frauenbewegung Anfang der sechziger Jahre entwickelnde Feministische Forschung bezog sich auf die von Beauvoir

---

6 Die französische Originalausgabe von 1949 betitelte Beauvoir, die sich zu diesem Zeitpunkt selbst nicht als Feministin sah, mit „Le Deuxième Sexe".

7 Daß das Thema Feminismus heute brisant ist wie selten zuvor, verdeutlichen die seit Ende der achtziger Jahre zunehmenden antifeministischen Positionen (Der Spiegel 22/1992, S.68-84).

zum ersten Mal benannten Themen wie Sexualität, Gewalt, «Hausarbeit», geschlechtsspezifische Arbeitsteilung oder Sozialisation. Feministische Theoretikerinnen, so vor allem Betty Friedan (1963), Kate Millett (1969), Shulamith Firestone (1970), Alice Schwarzer (1973; 1975) oder Ursula Scheu (1977), formulierten sowohl die Zusammenhänge von Sexualität und Gewalt als auch von Hausarbeit und privater Ausbeutung weiter aus. Heute knüpfen insbesondere Carol Hagemann-White (1988; 1992), Jessica Benjamin (1990), Judith Butler (1991) sowie Regine Gildemeister und Angelika Wetterer (1992) an die von Beauvoir entfalteten Grundgedanken der «Differenz» an und versuchen, diese in unterschiedlicher Weise für die Feministische Forschung (erneut) fruchtbar zu machen. Dabei wird die besondere Bedeutung dieses Ansatzes darin gesehen, daß ein Analyserahmen geschaffen wurde, mit dem die Verschiedenheit zwischen den Erfahrungs- und Lebenswelten der Geschlechter erklärt werden kann.

Vor allem in den Sozialwissenschaften und für die Psychoanalyse hat, wie zu zeigen ist, die von der Feministischen Forschung im Anschluß an Beauvoir immer wieder gestellte Frage, warum die «Differenz» die Beziehung zwischen Mann und Frau prägt und diese zu einer Herrschaftsbeziehung macht, obwohl sich moderne Gesellschaften formal am Gleichheitsgrundsatz orientieren, neue Sichtweisen auf das «Geschlechterverhältnis» hervorgebracht. Gleichzeitig hat diese aktuelle Bezugnahme abermals die besondere Qualität dieses Ansatzes verdeutlicht: Durch die konzeptionelle Verbindung von theoretischen mit lebensweltlichen Aspekten hat Beauvoir eine Methode entfaltet, die heute vor dem Hintergrund diskurstheoretischer Debatten, insbesondere bezogen auf Habermas' „Theorie des kommunikativen Handelns" (1988a; 1988b), nicht nur durch ihre Aktualität und Modernität besticht, sondern die darüber hinaus einen analytischen Bezugsrahmen für weitere Auseinandersetzungen mit der Kategorie «Geschlechtlichkeit» zur Verfügung stellt.

Die folgende Bezugnahme auf drei zentrale Elemente der Beauvoir'schen Analyse, als da sind biologische Gegebenheiten, psychoanalytische Grundannahmen und ökonomietheoretische Differenzierungskriterien, liefert einen Überblick über Kernaussagen Beauvoirs, die nach wie vor für die Feministische Forschung konstitutiv und als Elemente für eine Feministische Ökonomik von zentraler Bedeutung sind.

2.2.1 Biologische Sachverhalte als Bezugspunkt der «Differenz»– Deutungen

Aufgrund ihrer Auseinandersetzung mit den biologischen Voraussetzungen der Menschen konstatierte Beauvoir:

> „Männchen und Weibchen sind zwei Typen von Individuen, die sich innerhalb einer Art im Hinblick auf die Fortpflanzung differenzieren, und die man nur mit Bezug aufeinander definieren kann. Man muß sich aber von vornherein darüber klar sein, daß der Sinn der *Trennung* der Arten in zwei Geschlechter nicht klar ist." (Beauvoir 1985, S.23).

Diese Differenzierung zwischen Mann und Frau bildet die Voraussetzung zur Erklärung der sozial ungleichen Stellung von Frauen in einer Gesellschaft, da in der Natur, z.B. bei einzelligen Lebewesen, die Fortpflanzung nicht zwangsläufig mit der Sexualität in Zusammenhang steht. Der Sinn der Trennung der Arten in zwei Geschlechter bleibt unklar, denn die Unterscheidung zwischen weiblichen und männlichen Individuen ist gleichzeitig eine unabänderliche und doch zufällige Tatsache (Beauvoir 1985, S.25). Mit ihrem Versuch aufzuzeigen, inwiefern die Verschiedenheit der Geschlechter nicht durch die «Natur», sondern durch die «Kultur» bedingt ist, löste Beauvoir heftige Reaktionen und große Mißverständnisse aus (Beauvoir 1989, S.183).

Ihr Anliegen war zu zeigen, daß die Frau immer in bezug auf den Mann gedeutet wird, dadurch immer „das andere" des Mannes ist. Die Frau wird als Gegensatz des Mannes bestimmt, sie personifiziert die «Natur» gegenüber seiner Vernunft, die Immanenz gegenüber seiner Transzendenz. Dieser Sachverhalt läßt sich nur aus den jeweils herrschenden Moralvorstellungen, Normen und Regeln einer Kultur, einer Gesellschaft, erklären. Sind diese Normen erst einmal akzeptiert, wirken sie auf die Handlungen der Menschen zurück. Beauvoir kritisierte deshalb, daß die meisten Philosophen die Differenzierung zwischen «männlichem» und «weiblichem» Individuum einfach als Tatsache hingenommen haben, ohne jemals zu versuchen, diese zu erklären (Beauvoir 1985, S.25).

Trotz der Erfindung des Mikroskops Anfang des 19. Jahrhunderts, mit dessen Hilfe erstmals das tierische Ei untersucht werden konnte und nachgewiesen wurde, daß die Kerne der Gameten symmetrisch sind, hat sich die aristotelische Vorstellung über die Beziehung zwischen Mann und Frau als Symbiose von passiver «weiblicher» Stofflichkeit mit dem aktiven «männlichen» Prinzip durch das Mittelalter bis in die Neuzeit erhalten. Beauvoir verdeutlichte dies anhand der Beschäftigung mit der Hegel'schen Naturphilosophie und zeigte Hegels Verhaftung in aristotelischen Ideen auf: „'Der Mann ist also durch diesen Unterschied das Tätige; das Weib aber ist das Empfangende, weil sie in ihrer unentwickelten Einheit bleibt'." (Hegel, Naturphilosophie, zitiert nach Beauvoir 1985, S.27). Hegels Annahme eines «männlichen» aktiven Prinzips und eines «weiblichen» passiven Prinzips ist, so Beauvoir, nicht nur falsch, sondern spiegelt ein männliches Vorurteil wider, denn biologisch betrachtet sind Eikern und Spermatozoon sich entsprechende Lebensprinzipien (Beauvoir 1985, S.29).

2.2.2 Psychoanalytische Aus«Differenz»ierungen durch Beauvoir

Die Auseinandersetzung mit biologischen Voraussetzungen und ihren philoso-phischen Interpretationen bildet bei Beauvoir die Grundlage für die Kritik an den Standpunkten der Psychoanalyse Freuds und des historischen Materialismus. Indem Beauvoir versucht, die dort vorgenommene Bestimmung der Frau als das passive Objekt sichtbar zu machen, zeigt sie theoretische Fehlschlüsse auf. Die psychoanaly-tische Bestimmung der Sexualität, der «Geschlechtlichkeit» der Frau durch Freud, der er ein männliches Modell zugrunde legt, stellt Beauvoir ebenfalls in Frage:

> „Er setzt voraus, daß die Frau sich als verstümmelter Mann empfindet: doch schließt die Idee der Verstümmelung einen Vergleich und eine Wertung ein." (Beauvoir 1985, S.53).

Der Vergleich biologischer Gegebenheiten kann aus Sicht weiblicher Kinder[8] entweder zu Gleichgültigkeit oder zur Ablehnung führen und damit keine bzw. eine negative Wertung erfahren. Somit setzt Freuds These der Verstümmelung dort eine positive Wertung des Penis voraus, wo er sie herleiten müßte. Der theoretische Fehlschluß der Freud'schen Analyse liegt nach Beauvoir in der undifferenzierten Verquickung von konkreter Körperlichkeit mit sozialen Sachverhalten (Beauvoir 1985, S.53). Denn es sind nicht körperliche Gegebenheiten, die bei der Frau die Idee der „Verstümmelung" bzw. Minderwertigkeitskomplexe hervorrufen, sondern die positive Bewertung des «männlichen» Elements durch die Gesellschaft. Nur die Tat-sache, daß der Penis zum Symbol sozialer Vorrechte wird, zieht die Überzeugung der «männlichen» Überlegenheit nach sich (Beauvoir 1985, S.55).

---

8 Da im Deutschen im Gegensatz zu «dem Jungen» dem Begriff «Mädchen» ein geschlechtsloser Artikel zugeordnet wird, liegt hier eine implizite Wertung von «Geschlechtlichkeit» vor, auf die ich verzichten will. Das weibliche Geschlecht wird insofern anhand der «Körperlichkeit» bestimmt, als erst mit dem Einsetzen der Menstruation, mit der Möglichkeit einer Schwangerschaft «das Mädchen» als «die Frau» anerkannt wird.

Durch die kritische Auseinandersetzung mit den psychoanalytischen Grundannahmen Freuds konnte Beauvoir verdeutlichen, daß diese Konzeption ein soziales Problem auf biologische Ausstattungen reduziert.

2.2.3 Die «Arbeit» als «Differenz»ierungskriterium

Die aus der Überzeugung der «männlichen» Dominanz erwachsenden sozialen Probleme stehen für Beauvoir in einem engen Zusammenhang zur Wirtschaftsweise einer Gesellschaft. Denn

> „... das Bewußtsein, das die Frau von sich selber hat, wird nicht allein durch ihre Sexualität bestimmt: es spiegelt eine Situation wider, die von der jeweiligen wirtschaftlichen Struktur der Gesellschaft abhängt, einer Struktur, in der sich der Grad technischer Entwicklung ausdrückt, zu dem die Menschheit gelangt ist." (Beauvoir 1985, S.62).

Auch die Theorieentwürfe, die im Rahmen des historischen Materialismus entstanden sind thematisierten die Beziehung zwischen der wirtschaftlichen Struktur einer Gesellschaft und der technischen Entwicklung[9]. Im Gegensatz zur Freud'schen Psychoanalyse stellen diese Erklärungsansätze die sozialen Verhältnisse in den Mittelpunkt ihrer Auseinandersetzung, so daß Beauvoir untersuchte, wie in diesen Theorieentwürfen das Verhältnis zwischen den Geschlechtern gedeutet wird.

Engels beschreibt, aufbauend auf der Dialektik Hegels, die menschliche Gesellschaft in ihrer historischen Realität:

> „Nach der materialistischen Auffassung ist das in letzter Instanz bestimmende Moment der Geschichte: die Produktion und Reproduktion des unmittelbaren Lebens. Diese ist aber selbst wieder doppelter Art. Einerseits die Erzeugung von Lebensmitteln, von Gegenständen der Nahrung, Kleidung, Wohnung und den dazu erforderlichen Werkzeugen; andrerseits die Erzeugung von Menschen selbst, die Fortpflanzung der Gattung. Die gesellschaftlichen Einrichtungen, unter denen die

---

9 Die Auseinandersetzung, die Engels in „Der Ursprung der Familie, des Privateigentums und des Staats" führte, ist eine, die im Rahmen der Feministischen Forschung nach wie vor diskutiert wird, so daß im folgenden direkt darauf Bezug genommen wird.

Menschen einer bestimmten Geschichtsepoche und eines bestimmten Landes leben, werden bedingt durch beide Arten der Produktion: durch die Entwicklungsstufe einerseits der Arbeit, andrerseits der Familie." (Engels 1984, S.27f.).

Vor diesem Hintergrund, der die Menschen in Geschichte einbindet und in direkten Bezug zur Ökonomie stellt, untersuchte Engels in „Der Ursprung der Familie, des Privateigentums und des Staats" die Geschichte der Frau. Die Entwicklung metallischer Werkzeuge und ihr Einsatz beim Ackerbau stellte für Engels den zentralen Einschnitt dar, denn die geschlechtliche Arbeitsteilung in der Jäger-Sammlerinnen-Gesellschaft veränderte sich zuungunsten der Frauen. Auf der Grundlage dieser neuen Arbeitsteilung konnte, so Engels, überhaupt erst Privateigentum entstehen. Und zwar aus der aktiven Anwendung von Werkzeugen durch Männer im Bereich des sich ausdehnenden Ackerbaus und durch die Unterwerfung anderer Männer. Aus dem Umsturz in der geschlechtlichen Arbeitsteilung als Folge der Erfindung neuer Werkzeuge schlußfolgerte Engels, daß der Mann auch zum Eigentümer der Frau wurde, und bestimmte dies als die „weltgeschichtliche Niederlage des weiblichen Geschlechts" (Engels 1984, S.61).

> „Dieselbe Ursache, die der Frau ihre frühere Herrschaft im Haus gesichert: ihre Beschränkung auf die Hausarbeit, dieselbe Ursache sichert jetzt die Herrschaft des Mannes im Hause ..." (Engels 1984, S.157f.).

Auf seiner Suche nach einem Ursprung, nach einem gemeinsamen Prinzip der Entwicklung, verknüpfte Engels die technische Entwicklung mit der Aneignung der Menschen über die «Natur» und erhob, wie das folgende Zitat verdeutlicht, damit ein «männliches» Prinzip zum Maßstab.

> „... die Hausarbeit der Frau verschwand jetzt neben der Erwerbsarbeit des Mannes, diese war alles, jene eine unbedeutende Beigabe. Hier zeigt sich schon, daß die Befreiung der Frau, ihre Gleichstellung mit dem Manne, eine Unmöglichkeit ist und bleibt, solange die Frau von der gesellschaftlichen produktiven Arbeit ausgeschlossen und auf die häusliche Privatarbeit beschränkt bleibt." (Engels 1984, S.158).

Engels Vorstellung über die Stellung der Frau in der Gesellschaft, die sich weitgehend mit der Bebels (Burgard/Karsten 1981) deckte, macht deutlich, welche Bedeutung der gebrauchswertorientierten «Hausarbeit» beigemessen wurde. Mit dieser Interpretation untermauerte Engels die wirtschaftstheoretischen Sichtweisen, die zwischen «unproduktiver» und «produktiver» Arbeit differenzierten.

Beauvoir, die Engels Ansatz zwar als Fortschritt bezeichnete, war dennoch von seinen Ergebnissen enttäuscht. Weder der Übergang vom Gemeinbesitz zum Privateigentum noch wie behauptet, die damit verbundene Versklavung der Frau wurde hergeleitet. Indem Engels sagte, „... darüber wissen wir bis jetzt nichts" (Engels 1984, S.157), gestand er, so Beauvoir, letztlich ein, daß er diese Prozesse nicht geschichtlich belegen konnte und somit nicht in der Lage war, sie zu deuten:

> „Der historische Materialismus nimmt Tatsachen als gegeben hin, die man erklären müßte; er findet sich einfach mit dem Bande des *Interesses* ab, das den Mann mit dem Eigentum verknüpft; worin aber hat dieses Interesse, das der Quell der sozialen Einrichtungen ist, selber seinen Ursprung?" (Beauvoir 1985, S.65).

Da der historische Materialismus soziale Sachverhalte in die Analyse aufnimmt, ohne sie herzuleiten, können nur Erscheinungsformen ausgedeutet werden, die Ursachen aber können letztlich nicht benannt werden.

2.2.4 Die «Differenz» erfordert zweidimensionale Konzeptionen

Aufgrund ihrer Auseinandersetzung mit den von Freud und Engels vertretenen Positionen kritisierte Beauvoir, daß beide Ansätze nur eindimensionale Erklärungsmuster entfaltet haben; allerdings mit dem Unterschied, daß Freuds psychoanalytische Sichtweise durch die ausschließliche Bezugnahme auf die Sexualität, die «Geschlechtlichkeit», entstand, während Engels die Stellung der Frau nur in Verbindung mit ihrer wirtschaftlichen Situation bestimmte. Beauvoir konnte somit schlußfolgern, daß weder die psychoanalytischen Kategorien „klitoral" oder „vaginal" noch die materialistischen „bürgerlich" oder „proletarisch" geeignet sind, eine Frau in ihrer konkreten Existenz zu erfassen (Beauvoir 1985, S.68). Aber trotz ihrer Kritik an diesen monistischen Positionen lehnte sie diese Ansätze nicht grundlegend ab, sondern zog sie als Basis für eine existentialistische Betrachtung über die Frau heran:

„Der Wert der Freudschen [sic!] Lehre liegt in der Feststellung, daß der Existierende ein Körper ist: die Art, wie er sich als Körper anderen Körpern gegenüber erlebt, gibt konkret seine existentielle Situation wieder. Ebenso wahr ist in der marxistischen These, daß die ontologischen Ansprüche des Seienden eine konkrete Gestalt annehmen je nach den materiellen Möglichkeiten, die sich ihm eröffnen, speziell auf technischem Gebiet. Aber weder Sexualität noch Technik würden irgend etwas erklären, wenn man sie nicht der Gesamtheit der menschlichen Wirklichkeit einordnete. ... Für unsere Aufgabe, die Frau zu entdecken, lehnen wir gewisse Beiträge der Biologie, der Psychoanalyse, des historischen Materialismus zwar nicht ab, werden aber die Meinung aufrechterhalten, daß der Körper, das Sexualleben, die Technik nur insoweit konkret für den Menschen existieren, als er sie in seine globale Sicht seiner Existenz einbezieht. Der Wert der Muskelkraft, des Phallus, des Werkzeugs kann sich nur in einer Welt der Werte herausbilden: er wird durch den grundsätzlichen Entwurf des Existierenden bestimmt, der sich im Sein transzendiert." (Beauvoir 1985, S.68).

Mit ihrer Forderung, die menschliche Realität zweidimensional, also bezogen auf eine «maskuline» und eine «feminine» Existenz, zu deuten, wollte Beauvoir die monistischen Sichtweisen auf die Frau, wie sie der Freud'schen und der Marx'schen Konzeption zugrunde liegen, revidieren. Die zentrale Kategorie dieser Veränderung ist die «Differenz». Und diese Differenzierung zwischen «männlichen» und «weiblichen» Individuen liefert die Grundlage zur Bestimmung des «Geschlechterverhältnisses»: biologische Unterschiede werden kulturell gedeutet, und die Beziehungen zwischen Männern und Frauen werden als historisch entstandenes soziales (und damit auch als ökonomisches) Verhältnis bestimmt. Der Versuch, die mit männlichen Vorurteilen behafteten Forschungsergebnisse neu zu deuten, eröffnet methodologisch die Möglichkeit, Vorurteile als implizite Wertungen zu charakterisieren, die aus verzerrten Sichtweisen in bezug auf die Menschen resultieren.

Diese spezifische Herangehensweise kennzeichnet bis heute die Diskurse Feministischer Forschung, denen es darum geht, sich auf die «maskuline» und die «feminine» Lebenswelt zu beziehen und das Verhältnis der Geschlechter in die Theoriebildung einzubetten. In diesem Kontext verdeutlicht die immer wieder neu gestellte Frage nach der Bedeutung der Kategorie «Geschlecht» in der traditionellen Theoriebildung die Notwendigkeit einer Theorie der «Differenz». Inwiefern die Analyse Beauvoirs für die Versuche, die ökonomische Theorie zu verändern, konstitutiv ist und welche Ergebnisse auf dieser Grundlage hervorgebracht wurden, ist Gegenstand der folgenden Auseinandersetzung mit der Zweiten Frauenbewegung.

2.3 Die zweite Phase der Suche nach Veränderungen der ökonomischen Theoriebildung

Durch die Bestimmung der «Differenz» als zentrale Kategorie zur Erklärung der sozial ungleichen Stellung der Frauen, eröffnete Beauvoir der Frauenbewegung in den sechziger Jahren neue Perspektiven und stellte die Feministische Forschung vor neue methodische Herausforderungen. Die ersten, die diese Herausforderung annahmen, waren Betty Friedan, Juliet Mitchell, Kate Millett und Shulamith Firestone. Beauvoirs Analyse der «Frau» als das «andere», das «zweite» Geschlecht, diente als Rahmenwerk zur Formulierung radikaler Thesen bezüglich der «Unterdrückung von Frauen» in der Privatsphäre und in der Erwerbsarbeit und zur Entwicklung von «Emanzipationskonzepten». Dabei bildeten die Fragen nach der Überwindung des „Weiblichkeitswahns" (Friedan 1970), nach dem Zusammenhang zwischen „Frauenbefreiung und Gebärtätigkeit" (Firestone 1975) und zwischen „Frauenbewegung und Frauenbefreiung" (Mitchell 1981) sowie nach den Ursachen der „Tyrannei des Mannes in unserer Gesellschaft" (Millett 1985) den Schwerpunkt US-amerikanischer Auseinandersetzungen.

In der Bundesrepublik Deutschland hat sich die Feministische Forschung seit Anfang der siebziger Jahre aus den Sozial- und Geschichtswissenschaften herausgebildet. Die bis dahin als unwichtig erachteten und deshalb ausgegrenzten Themen wie «Gewalt gegen Frauen» oder «Hausarbeit» avancierten zum zentralen Untersuchungsgegenstand (Schwarzer 1985; Bock/Duden 1977; Bennholdt-Thomsen 1981; 1983). Der spezifisch „weibliche Lebenszusammenhang" (Prokop 1976) sollte innerhalb der Wissenschaften erforscht, neu gedeutet, benannt und verändert werden.

Auch diese zweite Phase Feministischer Forschung war und ist, wie die erste, nicht nur eng, sondern zugleich kontrovers mit der Frauenbewegung verbunden (Metz-Göckel 1987). Die dabei erneut entfachte Diskussion um die Forderungen nach «Gleichheit» in Beruf, Familie und Gesellschaft[10] rückte die Untersuchung «patriarchaler» Gesellschaftsstrukturen in den Mittelpunkt (Janssen-Jurreit 1985).

Vor diesem Hintergrund begann die Feministische Forschung grundlegende Kritik am sexistischen[11] und androzentrischen[12] Wissenschaftsverständnis zu formulieren (Hausen/Nowotny 1986; Schlüter/Kuhn 1986; Woesler de Panafieu 1987), das in der geringen Präsenz von Frauen im Wissenschaftsbereich, der damit zusammenhängenden verzerrten Wahrnehmung und ausgrenzenden Interpretation frauenspezifischer Lebens- und Erfahrungswelten sowie in den grundlegenden Annahmen, Denk- und Sprachformen zum Ausdruck kommt (Harding 1991, S.85ff.). Damit

---

10 Einen Überblick über die Entwicklung der Zweiten Frauenbewegung seit 1968 liefert die von Ann Anders 1988 herausgegebene Textsammlung.

11 „Sexismus war immer Ausbeutung, Verstümmelung, Vernichtung, Verfolgung von Frauen. Sexismus ist gleichzeitig subtil und tödlich und bedeutet die Verneinung des weiblichen Körpers, die Gewalt gegenüber dem Ich der Frau, die Achtlosigkeit gegenüber ihrer Existenz, die Enteignung ihrer Gedanken, die Kolonialisierung und Nutznießung ihres Körpers, den Entzug der eigenen Sprache bis zur Kontrolle ihres Gewissens, die Einschränkung ihrer Bewegungsfreiheit, die Unterschlagung ihres Beitrags zur Geschichte der menschlichen Gattung." (Janssen-Jurreit 1985, S.702).

12 Androzentrismus kann als die sexistische Dimension innerhalb der Wissenschaften verstanden werden, denn sowohl naturwissenschaftliche als auch sozialwissenschaftliche Theorien wurden ausschließlich auf «maskulinen» Erfahrungswelten aufgebaut. Auf dieser Grundlage können „weibliche Lebenszusammenhänge" nicht nur ausgeblendet, sondern auch einseitig verzerrt interpretiert werden (Harding 1991, S.85ff.).

wird gleichzeitig der Grundstein für die seit den achtziger Jahren in Italien (Libreria delle Donne di Milano 1988) und in der Bundesrepublik Deutschland unter dem Stichwort «Gleichheit oder Differenz» (Erler 1985; Knapp 1988) geführte Debatte gelegt.

In bezug auf die Ökonomik bildete die „Blindheit" gegenüber der «Hausarbeit» (Werlhof 1978) den Ausgangspunkt feministischer Kritik. Ab Anfang der siebziger Jahre vor allem in England und Italien, später dann in den USA und in der Bundes- republik Deutschland versuchte die Feministische Forschung, den bereits von Engels thematisierten Zusammenhang zwischen der «Unterdrückung» der Frau und der geschlechtlichen Arbeitsteilung weiter auszuformulieren. Die Zielsetzung dieser Versuche bestand darin, die «Hausarbeit» werttheoretisch einzubinden.

2.3.1 Erweiterung des Marx'schen Theorieentwurfs um die unbezahlte Arbeit der Frauen: Die «Hausarbeitsdebatte»

Die «Hausarbeitsdebatte»[13], die über zehn Jahre im Mittelpunkt Feministischer Dis- kurse stand, reflektiert die Diskussion um den «Arbeitsbegriff», um das Verhältnis von Erwerbs- und Hausarbeit und um die geschlechtsspezifische Arbeitsteilung im Familienhaushalt. Mit der Bezugnahme auf das von Marx und Engels 1845/46 in der „Deutschen Ideologie" formulierte Materialismus-Postulat[14], das wissenschaftliche

---

13 Da es mir darauf ankommt, die Kernaussagen der «Hausarbeitsdebatte» darzulegen, wende ich diesen Begriff nicht nur auf die deutschsprachigen Auseinandersetzungen, die diesen Begriff geprägt haben, sondern allgemein auf die Ansätze, die auf die werttheoretische Einbindung der «Hausarbeit» ausgerichtet sind, an.

14 „Die Produktion des Lebens, sowohl des eignen in der Arbeit wie des fremden in der Zeugung, erscheint nun sogleich als ein doppeltes Verhältnis – einerseits als natürliches, andrerseits als gesellschaftliches Verhältnis –, gesellschaftlich in dem Sinne, als hierunter das Zusammen- wirken mehrerer Individuen, gleichviel unter welchen Bedingungen, auf welche Weise und zu welchem Zweck, verstanden wird. Hieraus geht hervor, daß eine bestimmte Produktionsweise oder industrielle Stufe stets mit einer bestimmten Weise des Zusammenwirkens oder ge- sellschaftlichen Stufe vereinigt ist, und diese Weise des Zusammenwirkens ist selbst eine

Erkenntnisse an den materialen Lebensprozeß bindet, verknüpfte die Feministische Forschung, sofern sie im Rahmen der «Hausarbeitsdebatte» entfaltet wurde, diese Tradition mit der von Beauvoir formulierten Kritik an der «Hausarbeit». Beauvoir, die sich von sozialistischen Verhältnissen grundlegende Veränderungen versprach, erachtete die «Hausarbeit» zwar als notwendig, charakterisierte diese Tätigkeit aber dennoch als unproduktiv und unkreativ:

> „Ständig auf der Stelle tretend, verbraucht sich die Hausfrau. Sie bringt nichts vor sich. Sie verewigt nur die Gegenwart. Sie hat nicht den Eindruck, ein positives Gut zu erwerben, sondern endlos gegen das Böse anzukämpfen." (Beauvoir 1985, S.428).

Damit lieferte Beauvoir der Feministischen Forschung einen Ansatzpunkt für eine Sichtweise, die die ökonomische Abhängigkeit einer Ehe- bzw. Hausfrau von ihrem Ehemann ablehnte. Im Unterschied zu Beauvoir, die die Erwerbstätigkeit von Frauen als den einzig möglichen Weg zur Befreiung einstufte, zielte die «Hausarbeitsdebatte» darauf ab, die überwiegend von Frauen im Haushalt geleisteten Tätigkeiten als produktiv zu bewerten. Um die Haus- bzw. Reproduktionsarbeit der Erwerbsarbeit werttheoretisch gleichstellen zu können, bezog sich die Feministische Forschung auf das von Marx/Engels bestimmte doppelte Verhältnis der „Produktion des Lebens".

In Zusammenhang mit Marx' kritischer Bewertung sozialer Ungleichheit und dem daraus abgeleiteten Entwurf einer sozialistischen Gesellschaftsform griff die Feministische Forschung erneut sozialistische Positionen und Utopien auf. Allerdings mit einem grundlegenden Unterschied: In bewußter Abkehr von der Tradition der Arbeiterbewegung lieferte die Diskussion über Entwicklung und Funktion der «Hausarbeit» eine Basis für „Emanzipationskonzepte" (Friedan 1970), die auf die „Frauenbefreiung" (Firestone 1975, Mitchell 1981) abzielten.

'Produktivkraft', daß die Menge der den Menschen zugänglichen Produktivkräfte den gesellschaftlichen Zustand bedingt und also die 'Geschichte der Menschheit' stets im Zusammenhang mit der Geschichte der Industrie und des Austausches studiert und bearbeitet werden muß." (Marx/Engels 1969, S.29f.).

In den ökonomischen Konzeptionen Marx'scher Theorie wird unter den beiden Bedingungen, daß über das Arbeitsvermögen frei verfügt werden kann und daß keine weiteren Produktionsmittel verfügbar sind, davon ausgegangen, daß die menschliche Arbeitskraft eine Ware ist, die wie jede andere tendenziell zu ihrem Wert verkauft wird (Marx 1984, S.184). Die Bestimmung des Wertes der Arbeitskraft ist historisch eingebunden, da Marx das Individuum nicht isoliert, sondern in sozialen Zusammenhängen, in Familie lebend, betrachtete.

> „Der Wert der Arbeitskraft war bestimmt nicht nur durch die zur Erhaltung des individuellen erwachsnen [sic!] Arbeiters, sondern durch die zur Erhaltung der Arbeiterfamilie nötige Arbeitszeit." (Marx 1984, S.417).

Marx, der die Existenz der Individuen als Arbeitskräfte und ihre ökonomische Einbindung in eine Familie als gegeben unterstellte, bestimmte die zur Reproduktion dieser Arbeitskraft notwendige Arbeitszeit als die Summe der notwendigen Lebensmittel (Marx 1984, S.185). Durch die Benennung der Bedeutung des historischen Prozesses der ökonomischen Einbindung aller Familienmitglieder in die kapitalistische Wirtschaftsweise lieferte Marx der Feministischen Forschung einen spezifischen Ansatzpunkt zur Erklärung der sozialen Ungleichheit von Frauen: die unbezahlte Hausarbeit der Frau.

Gleichzeitig tauchen bei Marx Frauen im Zusammenhang mit Unmündigen und Kindern auf, die der Arbeiter als Sklavenhändler an den Kapitalisten verkauft (Marx 1984, S.418). Diese Ansicht spiegelt nicht nur die Rechtsverhältnisse dieser Zeit wider, vielmehr wird der Unterschied zwischen historischen Faktizitäten und ökonomisch-theoretischen Abstraktionen deutlich. Wenn Marx davon ausgeht, daß zwei Warenbesitzer auf dem Markt ihre Waren austauschen, setzt er voraus, daß sie sich als Eigentümer, als Personen begegnen und daß sich dieser Tausch auf gleichberechtigter freiwilliger Basis vollzieht. Aufgrund der rechtlich ungleichen Stellung der Frau im 19. Jahrhundert traf diese Ausgangsannahme jedoch nur auf die «männlichen» Arbeitskräfte zu. Die Verfügungsgewalt über das Arbeitsvermögen der Frau, die durch die Verwandtschaftsbeziehungen geregelt wurde, besaß entweder der Vater oder der Ehemann. Somit war die Frau, da sie nicht freie Besitzerin ihres Arbeitsvermögens und ihrer Arbeitsprodukte war, wirtschaftlich und gesellschaftlich ungleich gestellt (Gerhard 1978, S.181).

Durch die formaljuristische Gleichstellung der Frau Anfang des 20. Jahrhunderts schien die «Gleichheit» zwischen Männern und Frauen verwirklicht. Aber im Zuge der kapitalistischen Entwicklung hatte sich auch die geschlechtsspezifische Arbeitsteilung im Familienhaushalt entscheidend verändert, so daß sich die Feministische Forschung auf das neue und ungleiche Verhältnis zwischen bezahlter Erwerbsarbeit des Mannes und der unbezahlten Hausarbeit der Frau konzentrierte. Mariarosa Dalla Costa, die den Prozeß der Trennung zwischen bezahlter Lohnarbeit und unbezahlter Hausarbeit untersuchte, ging davon aus, daß durch die Tatsache, daß die Männer in den Fabriken und Büros, die Frauen hingegen im Haushalt arbeiten, zunehmend der Bezug zueinander verloren geht. Diesen Sachverhalt interpretierte Dalla Costa als geschlechtsspezifische Disziplinierung und charakterisierte diese neue Form der gesellschaftlichen Teilung der Arbeit als eine homosexuelle Form der Arbeitsteilung (Dalla Costa 1973, S.38). Den konzeptionellen Ansatzpunkt feministischer Kritik bildete die Marx'sche Bestimmung des Herrschaftsverhältnisses von Lohnarbeit und Kapital und die Interpretation der aus der Mehrarbeit resultierenden «Ausbeutung von Arbeitskraft», bei der die Hausarbeit ausgeblendet wird (Mitchell 1981; Millett 1985). Der Versuch, den Marx'schen Arbeits- bzw. Produktionsbegriff auf die «Hausarbeit» auszudehnen, zielte auf die Bestimmung der spezifischen (unbezahlten) Mehrarbeit im Produktionsprozeß ab (Seccombe 1974; Himmelweit/Mohun 1977), denn die

> „... Geschlechterteilung der gesellschaftlichen Produktion im Kapitalismus kann nicht verstanden werden ohne Bezugnahme auf die Organisation des Haushaltes und die Ideologie der Familie. Damit ist das Hauptfeld der Beziehungen zwischen Männern und Frauen und der Herausbildung geschlechtsspezifischer Individuen benannt, das eng bezogen ist auf die Organisation gesellschaftlicher Produktion." (Barrett 1983, S.165).

Bezugnehmend auf die Ergebnisse der englischen, US-amerikanischen und italienischen Feministischen Forschung wurde auch in der Bundesrepublik Deutschland der Frage nachgegangen, inwieweit die «Hausarbeit» zur Erzeugung von Mehrwert beiträgt (Backhaus u.a. 1981; Beer 1983; Werlhof 1983). Diese Auseinandersetzung mit der «Hausarbeit» lieferte die Grundlage zur Erklärung der „gesellschaftlichen Ursprünge der geschlechtlichen Arbeitsteilung" (Mies 1988a) und zur „Bestimmung der geschlechtlichen Arbeitsteilung im Kapitalismus" (Bennholdt-Thomsen 1983). So argumentierte Veronika Bennholdt-Thomsen aufgrund ihrer Auseinandersetzung mit der geschlechtsspezifischen Arbeitsteilung, daß alle Frauen in erster Linie Hausfrauen sind, während den Männern zahllose Beschäftigungsmöglichkeiten offenstehen und resümierte, „... die Tätigkeiten der Frauen sind durch ihr Geschlecht bestimmt, die der Männer nicht." (Bennholdt-Thomsen 1983, S.196).

Ein weiteres Ergebnis dieses Diskurses war, daß Hausarbeit und Erwerbsarbeit in der modernen bürgerlichen Gesellschaft eine Einheit bilden, denn, wie Gisela Bock und Barbara Duden aufzeigten, entstand parallel zur Entwicklung der kapitalistischen Form der Lohnarbeit eine neue Form der Hausarbeit (Bock/Duden 1977). Aufgrund dieser historischen Gemeinsamkeit wurde im Rahmen der «Hausarbeitsdebatte» das Verhältnis zwischen weiblichen Arbeitskräften im Haushalt und männlichen Arbeitskräften in der Lohnarbeit als Bedingung der kapitalistischen Akkumulation bestimmt (Dalla Costa 1973; Werlhof 1983) und so versucht, den «Arbeitsbegriff» der Marx'schen Theorie zu erweitern. Um dabei alle potentiellen Konflikte zwischen den Geschlechtern in Haus- und Erwerbsarbeit erfassen zu können, wurde der «Arbeitsbegriff» auf alle Handlungen ausgedehnt, die das Fortbestehen menschlicher Gesellschaften gewährleisten (Hartmann 1981). Der Begriff «Hausarbeit» wurde auf alle im Familienhaushalt von Frauen geleisteten Tätigkeiten, wie Kindererziehung, „Beziehungsarbeit" (Kontos/Walser 1978), die körperlichen Beziehungen zwischen Mann und Frau oder die „Gebärtätigkeit" (Firestone 1975) erweitert und explizit unter den Produktionsbegriff subsumiert (Humphries 1980, Werlhof 1983).

Werttheoretisches Ergebnis der «Hausarbeitsdebatte» war, daß die unbezahlten Reproduktionsleistungen von Frauen zum einen die «Ware Arbeitskraft» des Mannes verbilligen, daß sie zum zweiten den «Mehrwert» steigern. Durch die Übertragung des Marx'schen «Ausbeutungsbegriffs» auf die «Hausarbeit» konnten Frauen in beiden Arbeitsbereichen, also in der Erwerbsarbeit und in der Hausarbeit, als «ausgebeutet» bestimmt werden (Delphy 1985; Werlhof 1978; Folbre 1982).

Mit dieser Konzeption konnte die «Hausarbeit», die vor allem Frauen verrichten, zwar als Bestandteil der im Kapitalismus geleisteten Arbeit bestimmt werden, aber im Gegensatz zur Lohnarbeit war sie, ist und wird sie unbezahlte Arbeit bleiben. Die im Rahmen der «Hausarbeitsdebatte» erfolgten Versuche der werttheoretischen Bestimmung der Hausarbeit konnten die ökonomisch-materialistische Theorie letztlich nicht verändern, dennoch haben die diskutierten Positionen etwas qualitativ Neues hervorgebracht. Diese qualitative Neuerung, die gleichzeitig als Herausforderung an die ökonomische Theorie zu verstehen ist, besteht in dem Versuch, den «Arbeitsbegriff» auf die «Hausarbeit» auszudehnen, um auf diesem Fundament die vor allem von Frauen geleisteten Tätigkeiten überhaupt theoretisch einfangen zu können.

Seit Mitte der achtziger Jahre werden, aufbauend auf den kritischen Einwänden gegenüber den methodischen Defiziten der «Hausarbeitsdebatte»[15], erneut Beiträge entfaltet, die die Möglichkeit diskutieren, Elemente der Marx'schen Theorie für die Feministische Forschung fruchtbar zu machen. Mit der Einsicht verbunden, daß vor

---

15 So charakterisiert Ursula Beer, selbst an der «Hausarbeitsdebatte» beteiligt, die Unzulänglichkeiten dieser Auseinandersetzung im nachhinein wie folgt:„... – Überdehnung des marxistischen Produktionsbegriffs in Verbindung mit einer ahistorischen Betrachtungsweise; – Auflösung originär analytischer in moralisierende Kritik kapitalistischer Produktion(sverhältnisse); –"Verschmelzung der Abstraktionsebenen in Verbindung mit einer Vermischung der Gegenstandsbezüge; – Auflösung von Verhältnisbestimmungen in umgangssprachliche Terminologien; – Dualistische Interpretationen von 'Kapitalismus' und 'Patriarchalismus' im Rahmen von Produktionsanalogien." (Beer 1990, S.48f.).

allem methodologische Grundlagen zu überprüfen sind, ist die Frage nach der Bedeutung der sozialen Dimension von «Geschlechtlichkeit» für die Ökonomik in den Mittelpunkt dieser Erklärungsansätze gerückt[16]. Entsprechend werden mit der folgenden Bezugnahme auf zwei Konzeptionen der Feministischen Forschung neue Ansatzpunkte zur Einbindung des «Geschlechterverhältnisses» zur Diskussion gestellt, die gleichzeitig unterschiedliche Entwicklungslinien der US-amerikanischen und der bundesrepublikanischen Debatten dokumentieren.

2.3.2 «Sex-gender»-Konzeptionen in der Ökonomik

Ebenso wie im Deutschen, wo der Begriff «Geschlecht» ein grammatisches Neutrum ist, wurden bis in die siebziger Jahre auch die beiden im angloamerikanischen Sprachraum vorhandenen Begriffe «sex» und «gender» sprachlich neutral und synonym verwendet. An dieser unspezifizierten Begriffsverwendung kritisierte die US-amerikanische Feministische Forschung, daß die Begriffe «sex» und «gender» nicht in der Lage sind, die Differenzierungen zwischen Männern und Frauen sowie die Ungleichheiten, die die Gesellschaft auf der Basis biologischer Unterschiede errichtet hat, hinreichend voneinander abzugrenzen. Sie füllte den Begriff «gender» historisch aus und gab ihm gegenüber dem Begriff «sex» den Vorzug (Blau 1987, S.492). Die konzeptionelle Unterscheidung zwischen «sex» und «gender» geht zurück auf Ann Oakley (1972). Oakley knüpfte den Begriff «sex» an biologische Gegebenheiten und verwendete ihn, um anhand von Genitalien, Hormonen und Drüsen naturhafte Unterschiede zwischen Männern und Frauen bestimmen zu können. Demgegenüber bezeichnet der Begriff «gender» die sozial und kulturell festgelegten Geschlechtsidentitäten.

---

16 Damit nehmen diese Beiträge die von Beauvoir gefundene Kategorie der «Differenz» wieder auf, allerdings, ohne auf diese Quelle zu verweisen.

Diese Auseinandersetzung der US-amerikanischen Feministischen Forschung mit der Ver- und Anwendung von zentralen Begriffen hat dazu geführt, daß sich parallel zur methodologisch ausgerichteten Marx-Rezeption die „epistemology-debate" entfaltete. Diese Debatte, die neben methodologischen Fragestellungen auch erkenntnistheoretische Probleme aufgreift, sucht nach einem neuen feministischen Wissenschaftsverständnis (Harding/Hintikka 1983)[17].

Im Rahmen dieser beiden Diskussionsstränge versuchen Nancy Folbre und Heidi Hartmann, beide maßgeblich an den werttheoretischen Hausarbeitsdiskussionen beteiligt, den Begriff «gender» in die ökonomische Theorie einzubinden.
Im Mittelpunkt ihrer Auseinandersetzung steht die Frage, welche Bedeutung neoklassische und Marx'sche Konzeptionen der geschlechtsspezifischen Arbeitsteilung im Familienhaushalt beimessen. Trotz der grundlegenden methodologischen Unterschiede der Theoriegebäude besteht insofern eine Gemeinsamkeit, als

> „... both paradigms idealize the family, placing very strict limits on the operation of self-interest there ... . By virtue of their association with this distinctly non-self-interested and therefore 'noneconomic' domain, women themselves came to be portrayed as relatively 'non-economic creatures'." (Folbre/Hartmann 1988, S.185).

Die Bestimmung von Haus- bzw. Familienarbeit als „nicht-ökonomische" Tätigkeit und die Charakterisierung von Frauen als „nicht-ökonomische Kreaturen" führen Folbre/Hartmann auf die in der Zeit der Herausbildung ökonomischer Theorie geltenden Vorstellungen über die Beziehungen der Geschlechter zurück. Aus ihrer Sicht spiegelt das Auseinanderfallen der Begriffe Eigennutz und Altruismus sowie die konzeptionelle Verknüpfung mit der Erwerbsarbeit einerseits und der «Hausarbeit» andererseits unzeitgemäße Positionen wider. Daher ziehen Folbre/Hartmann

---

17 Da die „epistemology-debate" nicht auf die Herausarbeitung einer „feministischen Erkenntnistheorie" abzielt, plädiert Beer aus folgendem Grund dafür, den Begriff „epistemology" mit „Erkenntniskritik" zu übersetzen: „Bereits in der Methodologie-Diskussion wurde deutlich, daß Frauenforscherinnen ... sich einem Wissenschaftsverständnis verpflichtet fühlen, das die Trennung von Erkenntnisinhalt und –methode ablehnt." (Beer 1987b, S.148).

den Schluß, daß die Ökonomik nicht nur durch verzerrte Wahrnehmungen des «Geschlechterverhältnisses» gekennzeichnet ist, sondern daß bestimmte Annahmen und Voraussetzungen der Theoriebildung von vornherein verhindern, daß die geschlechtsspezifische Arbeitsteilung im Familienhaushalt erklärt werden kann (Folbre/Hartmann 1988, S.185). Es ist also zu untersuchen, welche Theorietradition Ansatzpunkte liefert, um das «Geschlechterverhältnis» in Form der Kategorie «gender» einzubeziehen.

Aufgrund der Kritik am methodologischen Individualismus der neoklassischen Theorie (Hartmann 1981), insbesondere an der Bestimmung des Eigennutzes (Folbre/Hartmann 1988, S.186ff.), machen Folbre/Hartmann deutlich, warum sie sich auf den Marx'schen Theorieentwurf beziehen: Sie gehen davon aus, daß der ahistorische und dualistisch strukturierte Charakter neoklassischer Theorie den Zugang zur Erklärung von Ungleichheit zwischen den Geschlechtern verhindert (Folbre/Hartmann 1988, S.185). Der ahistorische Charakter wird in der als „nicht-ökonomisch" bestimmten Haus- und Familienarbeit, der dualistische in Begriffs-paaren wie öffentlich / privat, Markt / Haushalt, Eigennutz / Selbstlosigkeit, öko-nomisch / nicht-ökonomisch gesehen. Der normative Ansatz der neoklassischen Theorie wird im „männlichen Individualismus" (Folbre/Hartmann 1988, S.186) er-kannt, da dieser Methodologie eine Sichtweise zugrunde liegt, die den Mann an den Markt und die Frau an das Haus bindet. Aber die angenommene Bindung der Frau an die Familie ist nach Folbre/Hartmann nicht notwendigerweise eine Funktion ihrer Präferenzen oder ihrer Produktivität (Folbre/Hartmann 1988, S.195), sondern kann genauso aus der Ablehnung anderer Familienmitglieder, bei der Hausarbeit zu helfen oder die Verantwortlichkeit für die Kinderaufsicht und Erziehung zu übernehmen, resultieren. Solange die im Rahmen der traditionellen Neoklassik herausgebildeten Ansätze nicht ihre ahistorische und dualistische Sichtweise aufgeben, sind sie nach Auffassung von Folbre/Hartmann nicht in der Lage, mit der Kategorie «gender» das

44

«Geschlechterverhältnis» in die ökonomische Theorie zu integrieren (Folbre/Hart-
mann 1988, S.185ff.).

Aber nicht nur die Neoklassik, auch die Marx'sche Theorie vertritt dualistische
Standpunkte. In der Marx'schen Theorie sind Klasseninteressen den geschlechtsbe-
zogenen Interessen übergeordnet, so daß weder die Interessen der Frauen als Individuen noch ihre spezifischen Klasseninteressen zur Kenntnis genommen werden (Fol-
bre/Hartmann 1988, S.185). Mit dieser Kritik wenden sich Folbre/Hartmann gegen
die Marx'sche Kategorie des Klasseninteresses, die Frauen und Familie aus dem
Gegenstandsbereich ökonomischer Rationalität ausschließt. Sie zeigen auf, daß
Marx, wenngleich er im „Kapital" das Adjektiv „patriarchal" vor dem Wort
„Familie" anführt, die Familie als kooperative Einheit behandelt (Folbre/Hartmann
1988, S.190f.). Die Marx'sche Analyse des Kapitalismus weicht, so Folbre, dem
Problem der Produktion im Haushalt und der Kindererziehung aus und erschwert
dadurch den Zugang zur Analyse der «Ausbeutung» im Familienhaushalt (Folbre
1982, S.320).

Weil im Gegensatz zu den Annahmen der traditionellen Ökonomik weder Männer
noch Frauen als voll entwickelte Individuen auf die Welt kommen, verweisen
Folbre/Hartmann auf die zentrale Bedeutung der Familie:

> „Rather, girls and boys are born into the care of people whose task is to find and to
> teach a balance between individual self-interest and collective reponsibility."
> (Folbre/Hartmann 1988, S.198).

Mit dieser im Vergleich zur traditionellen Wirtschaftstheorie wirklichkeitsnahen
Sichtweise auf den Familienhaushalt versuchen Folbre/Hartmann, die Familie neu zu
bestimmen. Familie ist danach erstens eine soziale Gruppe, die durch vielschichtiges
und konfliktäres Verhalten gekennzeichnet ist, und zweitens Ort der Produktion und
der Reproduktion (Hartmann 1981, S.368). Es wird davon ausgegangen, daß die
Familie genauso wie andere soziale Gruppen durch kulturelle Muster und insbesondere durch das «Geschlechterverhältnis» geprägt ist. Ob das Verhältnis zwischen

45

Mann und Frau ein ungleiches ist bzw. inwieweit eine Familie „patriarchal" strukturiert ist, kann an der geschlechtsspezifischen Verteilung der Hausarbeit bestimmt werden (Hartmann 1981, S.377ff.). Durch die enge Verbindung, die zwischen Haushalt und Erwerbsarbeitsmarkt besteht, korrespondiert, so Folbre/Hartmann, die Vielschichtigkeit des Marktverhaltens mit der Komplexität familialen Verhaltens: „In both arenas, complex overlays of self-interest and reciprocity are at work." (Folbre/Hartmann 1988, S.197).

Damit die Theoriebildung der Komplexität dieser Handlungen gerecht werden kann, treten Folbre/Hartmann für die Veränderung einseitig verzerrter Wahrnehmungen und die Erweiterung grundlegender ökonomischer Begriffe um eine «feminine» Dimension ein. Erst wenn die Handlungen nicht länger nur unter dem Aspekt des Eigennutzes betrachtet werden, sondern darüber hinaus versucht wird, die gesellschaftliche Verantwortung einzufangen, ist eine Voraussetzung zur Entfaltung einer ökonomischen Theorie geschaffen, die das «Geschlechterverhältnis» berücksichtigen kann. Die dazu erforderlichen Bausteine erhoffen sich Folbre/Hartmann durch eine interdisziplinäre Zusammenarbeit, denn ein

> „... growing body of interdisciplinary feminist research complements the efforts many economists are making to develop a more complete theory of economic interests, one that can encompass concepts like cooperation, loyalty, and reciprocity." (Folbre/Hartmann 1988, S.197).

Auf dem internationalen Kongreß «Out of the Margin – Feminist Perspectives on Economic Theory» in Amsterdam 1993 machte Nancy Folbre bei der Abschlußdebatte mit dem Thema: „The Future of Feminist Economics" deutlich, daß dieser Ansatz noch immer Programm ist, denn zur Umsetzung sind sowohl empirische Untersuchungen, die Feministische Theoriebildung untermauern, als auch politische Veränderungen notwendig.

Gleichwohl belegt die von Folbre/Hartmann geführte Kritik die Bedeutung der «Geschlechtlichkeit» für die ökonomische Theorie. Ihrer Kritik liegt ein Konzept zugrunde, daß aufgrund der durch die englische Sprache vorgegebenen Differenzierung zwischen «sex» und «gender», zwischen dem biologischen und dem sozialen Geschlecht, analytisch trennt. Diese Differenzierung schafft eine Voraussetzung dafür, daß soziale Ungleichheiten zwischen Männern und Frauen im ökonomischen Bereich nicht länger als biologisch determiniert begriffen, sondern als sozial konstruiert verstanden werden können. Mit dieser Herangehensweise sind Folbre/Hartmann nicht länger darauf angewiesen, aus dem Sachverhalt der geschlechtsspezifischen Arbeitsteilung, der für sich genommen nicht zum Verständnis sozialer Unterschiede beiträgt (Barrett 1983, S.137), direkte Rückschlüsse auf die soziale Stellung der Frau in der Familie und in der Gesellschaft zu ziehen.

Solange biologische Unterschiede als Schlüssel zum Verständnis geschlechtsspezifischer Arbeitsteilung dienen und die Trennung der Arbeitsbereiche Erwerbsarbeit und Hausarbeit unvermittelt zur Erklärung der «Unterdrückung von Frauen» herangezogen wird, ist diese analytisch undifferenzierte Bezugnahme auf die Marx'schen Theorieentwürfe eine methodische Falle, die es zu erkennen und zu überwinden gilt. Folbre und Hartmann umschiffen die Klippe, denn nur, indem der Begriff «sex» konzeptionell von «gender» abgelöst wird, kann die begriffliche Aufspaltung zwischen Eigennutz und Altruismus als ein Dualismus der ökonomischen Theorie bestimmt werden.

Die Ökonomik ist trotz grundlegender gesellschaftlicher Umwälzungen einer Tradition der Vorurteile, der verzerrten Wahrnehmung, verhaftet geblieben, so daß ihre Veränderung nach wie vor eine entscheidende Herausforderung für die Feministische Forschung darstellt. In welcher Weise die von Folbre/Hartmann herausgestellten Ergebnisse für die Einbindung des «Geschlechterverhältnisses» in die ökonomische Theorie fruchtbar zu machen sind, soll im Anschluß an die folgende Auseinandersetzung mit der Untersuchung von Ursula Beer betrachtet werden, da beide Ansätze bezugnehmend auf den Marx'schen Theorieentwurf versuchen, das

«Geschlechterverhältnis» in die ökonomische Theorie zu integrieren und dazu die Beziehung zwischen den Geschlechtern als ein historisch entstandenes, soziales Verhältnis deuten.

2.3.3 «Geschlechtlichkeit» als Strukturkategorie der Ökonomie

Die von Ursula Beer geführte Auseinandersetzung in bezug auf die soziale Konstituierung des «Geschlechterverhältnisses» (Beer 1990) ist ein bundesrepublikanisches Pendant zu den von Folbre und Hartmann vertretenen Positionen. Als kritische Vertreterin der «Hausarbeitsdebatte» hat Beer auf theoretische Fehlschlüsse hingewiesen (Beer 1983) und versucht, «Geschlechtlichkeit» als wissenschaftliche Kategorie zu konzeptionieren (Beer 1987a). Ihrer aktuellen Analyse des «Geschlechterverhältnisses» legt sie, die Marx'sche Theorietradition weiterführend, eine mit der «sex-gender»–Differenzierung vergleichbare Konzeption zugrunde. Wenn die deutschsprachige Feministische Forschung zwischen den Begriffen «sex» und «gender» unterscheidet, geschieht dies in der Regel durch adjektivische Bestimmungen, durch die Differenzierung zwischen biologischem und sozialem Geschlecht. Beer verwendet eine andere Methode. Um ihre Frage nach den Strukturierungsprinzipien des «Geschlechterverhältnisses» beantworten zu können, wird das Verhältnis von Struktur und Handlung mit dem von Struktur und Geschichte verknüpft. Mit der Annahme der Existenz zweier gesellschaftlicher Arbeits- und Produktionsbereiche schafft auch sie eine Grundlage, von der aus die Ungleichheit im «Geschlechterverhältnis» als von der Gesellschaft hervorgebracht, als sozial konstituiert bestimmt, werden kann (Beer 1990, S.23ff.).

Daß die «Hausarbeitsdebatte» Mitte der achtziger Jahre ohne Auswertung eingeschlafen ist, führt Beer auf die unterschiedliche Inanspruchnahme des Wertbegriffs

48

zurück (Beer 1990, S.50). Da übersehen wurde, daß eine entlohnte Arbeitskraft Trägerin eines sozialen Verhältnisses, des Verhältnisses von Lohnarbeit und Kapital, ist, konnte das objektiv-strukturelle Verhältnis zwischen Lohnarbeit und Kapital als ein subjektives Verhältnis zwischen «maskulinen» und «femininen» Individuen gedeutet werden (Beer 1990, S.51). Die theoretischen Fehlschlüsse der «Hausarbeitsdebatte» führt Beer auf die normative Deutung eines objektiv-strukturellen Verhältnisses zurück. Dies gilt insbesondere für die Varianten, die den «Arbeitsbegriff» um die «Hausarbeit» erweiterten, ihn normativ der Kategorie „Ausbeutung" zuordneten und das «Geschlechterverhältnis» als ein ungleiches Machtverhältnis bestimmten, das sich über das Geld herleitet. Indem die «Hausarbeit», die „Gebärtätigkeit" (Firestone 1975) und auch die sexuellen Beziehungen als gesellschaftlicher „Ausbeutungs- und Unterdrückungszusammenhang" gegenüber *allen* Frauen gedeutet wurde, blieben, so Beer, diese Ansätze analytisch im Verhältnis von Lohnarbeit und Kapital gefangen (Beer 1990, S.52).

Unter Bezugnahme auf die Marx'sche Theorie und den französischen Strukturalismus entwickelt Beer eine Konzeption, die die «Geschlechtlichkeit» als ein grundlegendes Strukturierungsprinzip moderner Gesellschaften bestimmt. In der Marx'schen Theorie wird die Tatsache, daß in einer Gesellschaft Kinder geboren werden und daß Frauen bestimmte, nichtmarktvermittelte Tätigkeiten verrichten, als gegeben unterstellt und bedarf deshalb keiner weiteren Erklärung (Beer 1990, S.71ff.). Mit der „Überdehnung des Produktionsbegriffs" (Beer 1990, S.47) macht die Feministische Forschung aber sowohl die biologische Mutterschaft als auch die körperlichen Beziehungen zwischen Mann und Frau zu Elementen von «Hausarbeit». Damit werden erstens biologische Gegebenheiten und soziale Beziehungen außerhalb des Marktes in das Lohnarbeitsverhältnis integriert und gehen damit in der ökonomischen Kategorie «Arbeit» auf (Beer 1990, S.51). Zweitens wird nicht nur die Abstraktionsebene der Marx'schen Theorie, auf der die „Reproduktion der

Arbeitskraft" angesiedelt ist, verkannt, sondern auch die Ebene des «Geschlechterverhältnisses» wird damit systematisch verfehlt (Beer 1990, S.52). Versuche, die «Hausarbeit» unter den «Arbeitsbegriff» der Marx'schen Theorie zu subsumieren, werden, so Beers Schlußfolgerung, fehlschlagen, denn mit dieser Herangehensweise kann weder die «Hausarbeit» als soziales bzw. objektiv-strukturelles Verhältnis bestimmt (Beer 1990, S.51) noch kann die Familie als Pendant zur Erwerbstätigkeit theoretisch erfaßt werden.

In Abgrenzung gegenüber diesen „Fehlinterpretationen" der Marx'schen Theorie (Beer 1990, S.47) versucht Beer, die empirisch in verschiedenen gesellschaftlichen Bereichen zum Ausdruck kommende soziale Ungleichheit von Frauen als ein gesellschaftliches bzw. ökonomisches Verhältnis zu bestimmen, das sozial ungleich strukturiert ist. Mit der Frage, ob die Ungleichheit im «Geschlechterverhältnis» sich jahrtausendelang hätte aufrechterhalten lassen, wenn ihr nicht Strukturen zugrunde liegen würden, die sozial gestaltet sind und eine Gleichstellung verhindern (Beer 1990, S.9), wird die strukturtheoretische Analyse mit historisch-empirischen Untersuchungen verbunden (Beer 1990, S.149ff.). Die Ursachen der Ungleichheit im «Geschlechterverhältnis» liegen für Beer in verborgenen Strukturen der Produktivkräfte und der Produktionsverhältnisse begründet und sollen anhand sichtbarer Funktionszusammenhänge aufgedeckt werden.

Zur Charakterisierung der Ungleichheit im «Geschlechterverhältnis» als einen Sachverhalt, „... der strukturell in die Ökonomie warenproduzierender Gesellschaften eingelassen ist ..." (Beer 1990, S.15), bestimmt Beer die Gesamtheit der gesellschaftlichen Produktion und Reproduktion als Wirtschafts- und Bevölkerungsweise. Dabei werden die „Versorgungsökonomie" und die Fortpflanzung als marktexterne Bedingungen der Reproduktion kapitalistischer Gesellschaften verstanden und in den Ansatz integriert. Auf dieser Grundlage entfaltet Beer bezugnehmend auf Godelier die Beziehung zwischen „verborgenen Strukturen und sichtbaren

Funktionszusammenhängen" (Beer 1990, S.132). Die verborgenen Strukturen werden sowohl in der Struktur der Produktivkräfte (menschliche, dingliche und kulturelle Produktivkraft) als auch in der Struktur der Produktionsverhältnisse (Kapital- und Geschlechterverhältnis) verortet. Das Kapital- und das Geschlechterverhältnis stehen in keiner hierarchischen Beziehung zueinander, sondern bilden einen vielschichtigen Komplex. In ihrer konkreten Körperlichkeit spielen die Menschen nach Beers Auffassung keine Rolle, denn auf der Ebene verborgener Strukturen tauchen die Individuen ausschließlich als TrägerInnen sozialer Verhältnisse auf. Aus dieser Verortung des «Geschlechterverhältnisses» zieht sie den Schluß, daß Männer und Frauen einer doppelten Vergesellschaftung unterliegen: Der Vergesellschaftung durch Arbeit und Fortpflanzung (Beer 1990, S.263).

Wenn Beer behauptet, die Ungleichheit sei strukturell in die Ökonomie eingelassen, muß sie nachweisen, wo und inwieweit eine geschlechtlich ungleiche Vergesellschaftung durch Arbeit sichtbar wird. Dazu bezieht sie sich auf eine zweite Ebene, die Ebene der sichtbaren Funktionsbestimmung sozialer Verhältnisse. Erst diese Ebene, die die Realsubjekte Mann und Frau in ihrer «Geschlechtlichkeit», die Sozialorganisationen, also die Familie, Unternehmen, Sozialsysteme und rechtliche Normierungen umfaßt, ist der empirischen Analyse zugänglich.

Im Rahmen ihrer Untersuchung der Beziehung zwischen Struktur und Geschichte stößt Beer hinsichtlich der marktvermittelten Ökonomie auf zwei sichtbare Phänomene: Erstens „... die Schließungsprozesse gegenüber weiblicher Arbeitskraft ..." und zweitens „... die sukzessive Trennung von Eigentumstiteln und Verfügungsgewalt, die das patriarchale Element kapitalistischer Vergesellschaftung nicht so sehr an Eigentum, sondern an die Verfügung über gesellschaftliche Ressourcen band ..." (Beer 1990, S.263), die vor allem Männer erhielten (z.B. „... Geldeinkommen, Zugang zu begehrten Erwerbs- und Einflußchancen in Wirtschaft, Politik und Kultur." (Beer 1990, S.263)). Diese Phänomene bestimmt Beer als beruflichen

51

Sekundärpatriarchalismus. Der berufliche Sekundärpatriarchalismus konstituiert sich über den Markt, ist allerdings werttheoretisch nicht nur durch das Kriterium „produktive Arbeit" zu bestimmen, sondern auch durch die „… Unterscheidung zwischen Arbeitskraft als Ware und dem Individuum als verberuflichter Arbeitskraft." (Beer 1990, S.263). Weil die Individuen eine «Geschlechtlichkeit» haben und da die Verberuflichung geschlechtsspezifisch verläuft, ist auch die Ware Arbeitskraft geschlechtlich unterschieden, ist «maskuline» und «feminine» Arbeitskraft und an das Individuum Mann oder Frau gebunden.

Indem Beer aufzeigt, inwieweit aufgrund des beruflichen Sekundärpatriarchalismus' die «Geschlechtlichkeit» durch die Vergesellschaftung in Arbeit als Ungleichheit eingeht, kommt sie zu dem Ergebnis, daß die Geschlechterhierarchie elementarer Bestandteil der marktvermittelten Ökonomie ist (Beer 1990, S.263).

Die ungleiche Vergesellschaftung durch Fortpflanzung wird anhand der Formbestimmung der Familien- bzw. Versorgungsökonomie sichtbar: Die patriarchale Familienform bildet parallel zum beruflichen Sekundärpatriarchalismus den familialen Sekundärpatriarchalismus heraus (Beer 1990, S.263). Durch die Vergesellschaftung in Generativität wird die Geschlechterhierarchie insofern zum elementaren Bestandteil der nichtmarktvermittelten Ökonomie, als Frauen der Bereich der Versorgungsökonomie zugewiesen und die biologische Mutterschaft mit sozialer gleichgesetzt wird[18].

Die Beer'sche Analyse macht deutlich, daß eine grundsätzlich neue Frage gestellt wird, die Frage nach der Bedeutung des «Geschlechterverhältnisses» für die ökonomische Theorie. Obwohl auch ihre Analyse noch stark im Methodischen verhaftet ist, kann als Ergebnis festgehalten werden, daß das «Geschlechterverhältnis»,

---

18 Neben beiden von Beer untersuchten methodischen Ebenen verweist sie auf eine Dritte, die sich auf das konkrete Individuum in seiner gesellschaftlichen Existenz bezieht. So entwirft Regina Becker-Schmidt (1987) eine feministische Subjekttheorie, die diese dritte Ebene in den Mittelpunkt stellt.

verstanden als hierarchisches Verhältnis zwischen den Geschlechtern, elementarer Bestandteil der marktvermittelten Ökonomie ist.

Sowohl die von Folbre und Hartmann angeführte Kritik als auch der von Beer entwickelte Ansatz eröffnen Wege zur Einbindung des «Geschlechterverhältnisses» in die ökonomische Theorie. Aber sind diese der Marx'schen Theorietradition verhafteten Konzeptionen in der Lage, die nicht nur von «maskulinen» Interpretationen, sondern von traditionellen Mainstream-Ökonomen beherrschte Wirtschaftswissenschaft zu revidieren?

Die von Nancy Folbre und Heidi Hartmann geführte Auseinandersetzung mit der ökonomischen Kategorie Eigennutz verdeutlicht, daß dort Grundannahmen und Voraussetzungen verankert sind, die verhindern, daß sozial konstruierte Ungleichheit zwischen den Geschlechtern im Rahmen ökonomischer Theoriebildung erklärt werden kann (Folbre/Hartmann 1988, S.185). In der Erweiterung des Marx'schen Theorieentwurfs um die Kategorie «gender» sehen Folbre/Hartmann einen Weg, mit dem die Komplexität menschlichen Handelns und die patriarchalen Verhältnisse in der Familie erfaßt werden können.

Ursula Beer geht einen Schritt weiter: Durch die Verknüpfung von gesellschaftlichen Strukturen mit der Geschichte kann sie aufzeigen, inwieweit durch das Vorhandensein eines „beruflichen und familialen Sekundärpatriarchalismus'" die soziale Ungleichheit gegenüber Frauen doppelt strukturiert ist. Beer, die gegenüber dualistischen Konzeptionen eine kritische Distanz hält, läßt sich nicht auf die «sex-gender»-Diskussion ein, sondern versucht von vornherein, die soziale Dimensionen des «Geschlechterverhältnisses» in die Theorie hereinzuholen. Damit entgeht sie der Gefahr, aus biologischen Unterschieden zwischen den Geschlechtern direkte Schlußfolgerungen auf die Geschlechtsidentität zu ziehen und ihre Konzeption mit biologistischen Argumentationen untermauern zu müssen.

Beiden vorbezeichneten Positionen ist gemeinsam, daß rational-ökonomische bzw. individualistische Sichtweisen als zu eng begriffen werden und deshalb nach Erklärungen gesucht wird, die die gesellschaftliche Strukturierung mit einbeziehen. Die damit verbundene Abgrenzung gegenüber dem methodologischen Individualismus der Neoklassik bestimmt die Suche nach komplexen Erklärungen. Die bestehenden Ungleichheiten zwischen Männern und Frauen können nur als sozial konstruierte (Folbre/Hartmann 1988) bzw. konstituierte (Beer 1990) Sachverhalte bestimmt werden, wenn das «Geschlechterverhältnis» als Kategorie in die ökonomische Theoriebildung eingebunden wird.

Hinsichtlich der Frage nach den Einbindungsmöglichkeiten des «Geschlechterverhältnisses» in die ökonomische Theorie liefert die analytische Loslösung von biologischen Gegebenheiten, von der Kategorie «sex», die Voraussetzung dafür, daß mit der «gender»-Konzeption soziale Sachverhalte untersucht werden können. Insofern trägt sowohl die von Folbre/Hartmann als auch die von Beer geführte Auseinandersetzung dazu bei, die zentrale Bedeutung von «Geschlechtlichkeit» für die ökonomische Theoriebildung zu verdeutlichen und androzentristische Standpunkte und normative Sichtweisen zu revidieren.

Die Feministische Forschung hält eine kritische Distanz gegenüber diesen Erklärungsansätzen, die sich lediglich mit Verweis auf Forschungsstrategien begründen läßt. Die Dominanz der Neoklassik innerhalb der Wirtschaftswissenschaft ist für feministische Forscherinnen in zweifacher Hinsicht zum Stolperstein geworden, denn

> „... zum einen ist jede von der neoklassischen Doktrin abweichende Position schädlich für die individuelle Karriere ..., zum anderen zwingt die herrschende Lehre dazu, Fragen nach den Geschlechtern und ihrem Verhältnis, nach der Situation der Frauen entweder auszuklammern, zu trivialisieren oder in einem extrem engen Modell zu diskutieren." (Maier 1993, S.554).

Infolgedessen haben feministische Erklärungsansätze, die mit Bezugnahme auf die Marx'sche Theorietradition versuchen, die Ökonomik zu verändern, zur Zeit große Schwierigkeiten, Anerkennung zu finden. Folbre und Hartmann, die ihrer Konzeption ein Verständnis von Gesellschaft zugrunde legen, welches die Menschen als in Geschichte eingebunden betrachtet und ihre unterschiedlichen Handlungen innerhalb dieses Kontextes analysiert (Folbre/Hartmann 1988, S.198), tragen gleichwohl dazu bei, daß die Methodendebatte der Feministischen Forschung lebhaft und kontrovers weitergeführt wird. So ist die Notwendigkeit deutlich geworden, methodische Grundannahmen und die verwendeten Kategorien, – «gender» bzw. «Geschlechterverhältnis» – kritisch zu hinterfragen.

2.3.4 Der latente Biologismus der «sex-gender»-Konzeptionen

Die begriffliche Abgrenzung zwischen «Geschlechtlichkeit» («sex») und der Geschlechtsidentität («gender») schafft eine kategoriale Grundlage zur Differenzierung zwischen biologischen Unterschieden und sozialen Ursachen der Ungleichheit zwischen Männern und Frauen. Die im angloamerikanischen Sprachraum verwendete Unterscheidung zwischen «sex» und «gender» baut auf der Annahme auf, daß zwischen «Natur» und «Kultur» unterschieden werden kann und unterstellt damit, daß Geschlechtsunterschiede vorzufinden sind, die entweder der «Natur» oder der «Kultur» angehören.

> „Aber die Annahme, daß es jenseits aller kultureller Prägungen eine Natur der Geschlechter gibt, die in allen Kulturen – wie auch immer vermittelt – zum Ausdruck kommt, bleibt in der Grundstruktur unangefochten." (Gildemeister/Wetterer 1992, S.206).

Auch in die deutschsprachige Debatte haben diese Begrifflichkeiten seit Mitte der siebziger Jahre Eingang gefunden. Und zwar in der Weise, daß auch hier der Begriff «sex» das biologische, der Begriff «gender» das soziale Geschlecht bezeichnet[19].

---

19 Auf der Grundlage dieser begrifflichen Unterscheidung haben sich seitdem so verschiedene sozialwissenschaftliche Konzeptionen, wie das „weibliche Arbeitsvermögen" (Beck-Gernsheim 1976; Beck-Gernsheim/Ostner 1978; Ostner 1978) oder die «Hausarbeitsdebatte» (Beer 1983; Werlhof 1983; Werlhof/Mies/Bennholdt-Thomsen 1988) herausgebildet.

Allerdings sind Ansätze, die aus biologischen Fakten direkte theoriebildende Schlußfolgerungen in bezug auf die soziale Ungleichheit oder die Gewalt gegenüber Frauen
ziehen, innerhalb der Feministischen Forschung höchst umstritten, tragen sie doch
dazu bei, die überwunden geglaubte Trennung zwischen «Natur» und «Kultur»,
zwischen Männern und Frauen erneut festzuschreiben (Mies 1988b, S.35). Die
begriffliche Unterscheidung der US-amerikanischen Feministischen Forschung, die
daraus eine biologische und eine kulturelle Kategorie des Geschlechts entwickelt
(Mies 1988b, S.36), ist, so Maria Mies, deshalb nicht geeignet, das «Geschlechterverhältnis» als ein sozial ungleiches Verhältnis zu bestimmen.

Während Beer aufgrund ihrer Herangehensweise der Gefahr, aus biologischen Sachverhalten auf soziale Ungleichheiten zwischen Männern und Frauen zu schließen,
entgeht, verwenden Folbre/Hartmann die Kategorie «gender», um den Aspekt sozialer Ungleichheit zu betonen. Wie Folbre und Hartmann zeigen, ist die Ökonomik
durchdrungen von dualistischen Konzeptionen, die in gegensätzlich verwendeten
Begriffspaaren, wie Markt / Haushalt, Eigennutz / Selbstlosigkeit oder Kapital / Arbeit, und in der Bewertung der Erwerbsarbeit als eine ökonomische bzw. «produktive» sowie der «Hausarbeit» als nicht-ökonomische bzw. «unproduktive» Tätigkeit
zum Ausdruck kommen.

Für die Suche nach Möglichkeiten der Einbindung des «Geschlechterverhältnisses»
in die Ökonomik folgt aus dieser Kritik, daß ein methodischer Bruch mit dualistischen Konzepten, die aus naturhaften Phänomenen soziale und ökonomische Rollen
ableiten, stattfinden muß. Eine Voraussetzung dafür ist, die diesen dualistischen
Sichtweisen zugrundeliegenden Biologismen als Fallstricke zu entdecken und zu
vermeiden. Zugleich macht dieses Ergebnis deutlich, wie wichtig es für die
Feministische Forschung ist, das methodologische Fundament weiter zu festigen.
Beauvoir hat mit der Entdeckung der «Differenz» und der damit verbundenen
Erkenntnis, daß die Frau eine «Erfindung» ist, ein Erbe hinterlassen, daß es noch

weiter auszuformulieren gilt. „Man kommt nicht als Frau zur Welt, man wird es."
(Beauvoir 1985, S.265). Doch wie kann erklärt werden, wie sich die soziale
Zuordnung zu einem Geschlecht vollzieht?

Bezugnehmend auf Butlers (1991) und Gildemeisters (1992) kritische Einwände
gegenüber «sex-gender»-Konzeptionen geht es mir darum, die Grenzen, die gezogen werden, um das Geschlecht («sex») und die Geschlechtsidentität («gender») zu
bestimmen, zu verändern, ohne die Tatsache, daß es zwei Geschlechter – Männer
und Frauen – gibt, zu leugnen.

Inwieweit eine Notwendigkeit zur konzeptionellen Veränderung der Kategorien
«sex» und «gender» besteht, zeigt sich darin, daß biologische Gegebenheiten in der
Regel unmittelbar an das «männliche» oder an das «weibliche» Geschlecht geknüpft
werden. Wenn z.B. der Begriff «Mutterschaft» verwendet wird, um biologische
Unterschiede an die soziale Zuordnung zum Geschlecht «Frau» zu binden, werden
«weibliche» Eigenschaften implizit mit «femininen» gleichgesetzt und diese Begrifflichkeit wird mit sozialen Normen gefüllt. Der «Hausarbeitsdebatte» liegen derartige
Gleichsetzungen zugrunde, da aus biologischen Unterschieden direkt die soziale
Zuschreibung zu der Geschlechtsidentität «Frau» abgeleitet wird. Eine solche Ableitung setzt aber eine analytische Trennung zwischen «Natur» und «Kultur» voraus,
denn erst auf dieser Grundlage kann die biologische «Mutterschaft» mit der sozialen
identisch gesetzt werden.

Weil allein aus der Tatsache, daß es die Frauen sind, die die Kinder gebären, weder
ihre soziale Verantwortlichkeit noch ihre Stellung in der Gesellschaft erklärt werden
kann, wenden sich Kritikerinnen der «sex-gender»-Forschung, wie Butler (1991)
oder Gildemeister/Wetterer (1992) gegen direkte Ableitungen. Auch die Unterscheidung zwischen «sex» und «gender» beruht nicht nur auf einem „verlagerten
Biologismus" (Gildemeister/Wetterer 1992, S.206), sondern führt durch die schein-
bare Abspaltung der Kategorie «sex» zu „... einem *latenten Biologismus der Ge-
samtkonstruktion 'sex-gender'*" (Gildemeister/Wetterer 1992, S.207), so daß Carol

Hagemann-White, Regine Gildemeister und Angelika Wetterer eine entsprechende Veränderung feministischer Konzeptionen einfordern (Hagemann-White 1988; Gildemeister/Wetterer 1992).

Entsprechend geht es Judith Butler darum, die Geschlechtsidentität nicht länger als folgerichtiges Ergebnis biologischer Tatsachen zu bestimmen, sondern „... eine grundlegende Diskontinuität zwischen den sexuell bestimmten Körpern und den kulturell bedingten Geschlechtsidentitäten ..." (Butler 1991, S.23) zu konstatieren. Aus diesem analytischen Bruch folgt, daß erstens die Konstrukte „Männer" bzw. „Frauen" nicht nur auf den «männlichen» Körper bzw. auf den «weiblichen» Körper bezogen werden können und zweitens, daß es nicht zwangsläufig (nur) zwei Geschlechtsidentitäten geben muß (Butler 1991, S.23).

Aufgrund dieser Kritik an der «sex-gender»-Forschung lösen sich feministische Erklärungsansätze heute ausdrücklich von «Natur der Frau»-Argumentationen (Butler 1991; Lorber/Farrell 1991; West/Zimmerman 1991) und entfachen damit einen erneuten „Streit um die Differenz" (Benhabib/Butler/Cornell/Fraser 1993).

Auch in der Bundesrepublik Deutschland rückt bezugnehmend auf aktuelle US-amerikanische Forschungsergebnisse von neuem die Frage, wie sich die Geschlechtsidentität herausbildet, in den Mittelpunkt der Diskussion. Vor allem Gudrun-Axeli Knapp (1988), Carol Hagemann-White (1988), Regine Gildemeister und Angelika Wetterer (1992) machen in Auseinandersetzung mit Beauvoirs «Differenz»-Konzept deutlich, „... daß es keine notwendige, naturhaft vorgeschriebene Zweigeschlechtlichkeit gibt, sondern nur verschiedene kulturelle Konstruktionen von Geschlecht." (Hagemann-White 1988, S.230). Der «sex-gender»-Forschung wird entgegengehalten, daß sie weder der Komplexität und Reflexivität sozialer Beziehungen noch dem Verhältnis zwischen biologischen und sozialen Prozessen gerecht wird (Gildemeister/Wetterer 1992, S.211). Erst mit der als „Null-Hypothese" (Hagemann-White 1988, S.230) bezeichneten Ablösung von naturalistischen Konzeptionen der

58

Zweigeschlechtlichkeit wird sichtbar, „... daß in Kulturen, die zwei Geschlechter unterscheiden und sie ungleich setzen, die Geschlechterpolarität in einem vielschichtigen Verhältnis zu Statushierarchien jeder Art in derselben Kultur steht." (Hagemann-White 1988, S.231).

Eine qualitative Neuerung, die versucht, die kulturelle Reproduktion von «Geschlechtlichkeit» nachzuzeichnen, liefert die von Candace West und Don Zimmerman entwickelte Neubestimmung der Beziehung zwischen «sex» und «gender». West und Zimmerman binden die Konstruktion von «Geschlechtlichkeit» an die Handlungen, weil diese einem je spezifischen sozialen Zusammenhang entspringen (West/Zimmerman 1991, S.14f.). Um die Komplexität der Kategorien «sex» und «gender» neu bestimmen zu können, erweitern sie sie um eine dritte. Sie differenzieren zunächst zwischen drei Faktoren, zwischen erstens dem körperlichen Geschlecht («sex»), das qua Geburt vorgegeben wird, zweitens der sozialen Zuordnung zu einem Geschlecht («sex category») und drittens dem sozialen Geschlecht («gender») (West/Zimmerman 1991, S.14f.). Aus dieser Herangehensweise, die drei analytisch voneinander unabhängige Faktoren benennt, leiten Gildemeister/Wetterer folgende Anforderungen in bezug auf die Feministische Forschung ab:

> „1. Die *analytische Unabhängigkeit* von körperlichem Geschlecht (sex), sozialer Zuordnung zu einem Geschlecht (sex category) und sozialem Geschlecht (gender) trägt der Einsicht Rechnung, daß die soziale Konstruktion der Zweigeschlechtlichkeit nicht unmittelbar aus der biologischen Ausstattung des Menschen abgeleitet werden kann. 2. Die wechselseitig *reflexive Beziehung* zwischen körperlichem Geschlecht und sozialer Geschlechtszuordnung bietet Ansatzpunkte, um herauszuarbeiten, wie Natur als kulturell gedeutete gleichwohl an zentraler Stelle – und sei es nur als Unterstellung – in die Konstitution des Geschlechts eingeht. 3. Die *interaktive und situationsspezifische Verortung* des Prozesses der Herstellung und Validierung von sozialem Geschlecht bewahrt schließlich vor dem Mißverständnis, das Geschlecht sei irgendwo im Individuum zu verankern, als Merkmal oder Eigenschaft von Personen dingfest zu machen, die im Alltagshandeln nur ihren Ausdruck finden." (Gildemeister/Wetterer 1992, S.213).

Mit dieser expliziten Loslösung von naturhaften Deutungen der «Zweigeschlechtlichkeit» wird eine methodische Grundlage geschaffen, von der aus

Gildemeister/Wetterer versuchen, nicht nur die «Differenz», sondern mit einem Zwischenschritt auch den Entstehungszusammenhang bzw. die Ursachen der «Differenz» zu erklären. Damit verabschiedet sich dieser Erklärungsansatz von der Vorstellung, daß die «feminine» Sozialisation als ein Vorgang verstanden werden kann, der die Frau unweigerlich zu Etwas macht und formuliert zugleich die These Beauvoirs, daß die Herausbildung der Geschlechtsidentität einer Frau ein unendlicher Prozeß ist, an dem sie selbst mitwirkt und durch den sie beeinflußt wird, weiter aus[20].

2.4 Die Voraussetzung zur Einbindung des «Geschlechterverhältnisses» in die Ökonomik ist der Bruch mit naturhaften Deutungen der Zweigeschlechtlichkeit

Die sowohl von Gildemeister und Wetterer als auch von Butler formulierte Kritik an den feministischen Konzeptionen, die mit der Aufspaltung zwischen «sex» und «gender» die dualistische Trennung zwischen «Natur» und «Kultur» erneut festschreiben, spielt für die Auseinandersetzung mit dem «Geschlechterverhältnis» eine wesentliche Rolle. Aufgrund ihrer Forderung, naturalistische Interpretationen des «Geschlechterverhältnisses» zu revidieren, entdecken diese Erklärungsansätze einen neuen methodischen Ausgangspunkt:

---

20 Vor allem die seit Ende der sechziger Jahre entfalteten Konzeptionen führten insofern in eine theoretische Sackgasse, als z.B. Firestone (1975) die biologische «Differenz» dazu heranzog, um aus der „Gebärtätigkeit" die sexuelle Unterdrückung *aller* Frauen abzuleiten. Ein Grund für die Ausformulierung extremer Positionen ist darin zu suchen, daß sich die Feministische Forschung in erster Linie auf den zweiten Teil von Beauvoirs: „Das andere Geschlecht" mit dem Titel „Gelebte Erfahrung" bezog. Durch die überwiegende Bezugnahme auf die lebensweltlichen Aspekte vernachlässigte die Feministische Forschung aber Beauvoirs grundlegende methodische Kritik an monistischen Positionen, wie sie z.B. Freud, Marx oder Engels vertraten, und konnte somit die besondere Qualität ihrer Methode – die Verbindung von theoretischen mit lebensweltlichen Gesichtspunkten – nicht für sich entdecken.

„Solange die Zweigeschlechtlichkeit als letztlich naturgegeben betrachtet und nicht als kulturelle Konstruktion begriffen wird, unterstellt jede weitere Auseinandersetzung mit der Kategorie 'Geschlecht', das eine oder das andere Geschlecht sei etwas, was jede(r) zunächst einmal und unproblematisch 'hat'." (Gildemeister/Wetterer 1992, S.215).

Durch die bewußte Loslösung von naturhaften Deutungen der Zweigeschlechtlichkeit gehen Gildemeister und Wetterer sowie Hagemann-White davon aus, daß es lediglich verschiedene kulturelle Konstruktionen von Geschlecht gibt. Damit trennen sie sich nicht nur von der Vorstellung, daß biologische Unterschiede das «Geschlechterverhältnis» prägen, sondern können darüber hinaus die Beziehung zwischen den Geschlechtern als ein soziales Verhältnis in seiner je spezifischen Ausgestaltung erfassen und als veränderbar begreifen.

Die besondere Qualität dieser Konzeption besteht darin, daß sich die Feministische Forschung von ihren eigenen methodischen Fesseln befreit hat: Ihre aktuelle Auseinandersetzung mit der «Differenz» macht deutlich, daß Aussagen über die ungleiche soziale Stellung der Frau und über das «Geschlechterverhältnis» immer dann in die Irre führen, wenn dazu auf biologische Gegebenheiten zurückgegriffen wird. Damit verändern Hagemann-White, Gildemeister und Wetterer sowie Butler das methodische Fundament der Feministischen Forschung elementar und eröffnen einen neuen Weg zur Bestimmung des «Geschlechterverhältnisses» als ein soziales Verhältnis. Auf dieser Grundlage kann die Frage, warum die «Differenz» die Beziehung zwischen Mann und Frau prägt und diese zu einer Herrschaftsbeziehung macht, obwohl sich moderne Gesellschaften formal am Gleichheitsgrundsatz orientieren, beantwortet werden, ohne dabei normative Aussagen bezüglich biologischer Unterschiede zu treffen, und zugleich werden sowohl die Komplexität als auch der Prozeßcharakter sozialer Beziehungen berücksichtigt. Mit der ausschließlichen Bezugnahme auf die kulturelle Dimension der «Differenz» bestimmen diese Erklärungsansätze das «Geschlechterverhältnis» sowohl als sozial hervorgebracht und auch als veränderbar. Sie formulieren damit eine weitere Bedingung für die

Auseinandersetzungen mit dem «Geschlechterverhältnis», die nicht ohne Einfluß bleiben kann. Hinsichtlich der Möglichkeit, das «Geschlechterverhältnis» in die ökonomische Theorie einzubinden, besteht die neue methodische Anforderung darin, einen Bruch mit naturalistischen Konzeptionen der Zweigeschlechtlichkeit zu vollziehen und sich von Argumentationsketten zu lösen, die ihrer Erklärung sozialer Phänomene, wie der Diskriminierung von Frauen auf dem Erwerbsarbeitsmarkt oder der geschlechtsspezifischen Arbeitsteilung im Familienhaushalt, naturhafte Deutungen von «Geschlechtlichkeit» zugrunde legen.

Bevor ich auf aktuelle Ansätze der Feministischen Forschung eingehe, die in ihrem Gegenstandsbereich das «Geschlechterverhältnis» entsprechend den zuvor formulierten Anforderungen berücksichtigen, soll zunächst ein Ansatz, der zwar im Rahmen der traditionellen Wirtschaftstheorie entwickelt wurde, sich aber explizit mit den Beziehungen zwischen den Geschlechtern auseinandersetzt, näher beleuchtet werden. Einerseits bezeichnet dieser von Becker entfaltete „Economic Approach" sich selbst als „feministisch"[21] und andererseits ist es ihm – im Gegensatz zur Feministischen Forschung – gelungen, auch das «Geschlechterverhältnis» zum Gegenstand ökonomischer Forschung zu machen.

Obwohl US-amerikanische Ökonominnen wie Barbara Bergmann (1980), Alice Amsden (1980), Marianne Ferber und Francine Blau (1986) bereits nach der Veröffentlichung von Beckers „The Economic Approach to Human Behavoir" (1976) auf die grundlegenden methodischen Probleme hingewiesen haben, dominiert der „Economic Approach" seit Anfang der achtziger Jahre auch die feministischen Debatten in der Bundesrepublik Deutschland (Walch 1980; Schilp 1984; Zameck-Glyscinski 1985; Ott 1991). Aus der Auseinandersetzung mit den Grundannahmen der New Home Economics ist innerhalb der Feministischen Forschung in den letzten fünfzehn Jahren eine eigene Tradition der Kritik entstanden, die sich zwischen akzeptierender

---

21 In einem privaten Gespräch zwischen Becker und der schwedischen Ökonomin Siv Gustafsson offenbart Becker 1992, daß er sich selbst als Feministen sieht (Gustafsson 1993b, S.18, Fn.3).

Verteidigung (Ott 1991; 1992; 1993; Gustafsson 1993a; 1993b; Schubert 1993a; 1993b) und fundamentaler Ablehnung (Amsden 1988; Beer 1990; Pujol 1992; Ferber/Nelson 1993) bewegt[22]. Vor allem die Verleihung des Nobelpreises an Becker, dessen „Economic Approach" innerhalb der Wirtschaftswissenschaft zum theoriebildenden Maßstab avancierte, hat die Feministische Forschung vor neue Herausforderungen gestellt. Aber die aktuelle Feministische Forschung grenzt sich, wie der von Maggie Humm herausgegebene Reader „Feminisms" (1992) zeigt, heute nicht mehr durch Versuche werttheoretischer Bestimmungen der «Hausarbeit» von der ökonomischen Theoriebildung ab, sondern öffnet, entwickelt und verändert sich in vielfältiger Weise. Daher weist die innerhalb der Feministischen Forschung formulierte Kritik nicht nur eine mit herkömmlichen ökonomiekritischen Diskursen vergleichbare Vielfältigkeit auf, sondern wurde darüber hinaus im Hinblick auf die Bedeutung von «Geschlechtlichkeit» für die Ökonomik formuliert. So ist ein Ergebnis der bisherigen Auseinandersetzung der Feministischen Forschung mit den New Home Economics, daß eine Notwendigkeit besteht, nicht länger nur *einer* Theorietradition verhaftet zu sein, sondern in vielfältiger Weise zentrale Prämissen und Methoden unterschiedlicher ökonomischer Ansätze kritisch zu hinterfragen.

Aber nicht nur in der Feministischen Forschung, sondern auch innerhalb der Wirtschaftswissenschaft ist Beckers Ansatz höchst umstritten, und hat die Diskussion darum, wie der Gegenstandsbereichs der Ökonomik bestimmt werden kann und welche Methodologie verwendet werden sollte, neu entfacht.

Worin besteht also die besondere Qualität dieses Erklärungsansatzes?

---

22 Die Bandbreite feministischer Kritik zeigt auch, daß das Vermittlungsproblem zwischen der Feministischen Forschung und der Ökonomik noch immer nicht gelöst ist. Daß sich mit der zunehmenden Etablierung der New Home Economics die Positionen kontroverser denn je gegenüber stehen, wurde 1993 anhand der den Amsterdamer Kongreß „Out of the Margin – Feminist Perspectives on Economic Theory" dominierenden Frage, ob die Marginalität von Frauen in der Ökonomie auf das neoklassische Paradigma zurückgeführt werden kann und welche Wege zur Veränderung bestehen, deutlich. (Der Tagungsband „Out of the Margin" erscheint 1996)

3. Rational-ökonomische «Gleichheit» und sozio-biologische «Differenz»: Der Ansatz der New Home Economics

> „So unterschiedlich die Geschlechter auch sind, so überkreuzen sie sich doch. In jedem menschlichen Wesen gibt es ein Schwanken von einem Geschlecht zum anderen, und oft sind es nur die Kleider, die das männliche oder weibliche Aussehen aufrechterhalten, während darunter das Geschlecht das genaue Gegenteil dessen ist, als was es oben erscheint."
>
> Virginia Woolf 1993, S.134

Der mögliche Kontrast zwischen der Erscheinungsform und dem Wesen, den Virginia Woolf anspricht, ist mit einem nur oberflächlichen Blick auf die Menschen nicht erkennbar. Sicherlich hat aber nicht die Frage unterschiedlicher Kleidung dazu geführt, daß in den sechziger Jahren ein junger Ökonom, Gary S. Becker, seinen Blick schärfte und sich mit der personellen Zusammensetzung des Familienhaushalts auseinandersetzte. Hingegen war es Kelvin Lancaster, der bezogen auf die neoklassische Theorietradition eine neue Konsumtheorie entwickelte (Lancaster 1966) und damit den Grundstein für die Untersuchung geschlechtsspezifischer Problemstellungen legte. „Der ökonomische Ansatz zur Erklärung menschlichen Verhaltens" (Becker 1993)[23], der aus der utilitaristisch orientierten Theorietradition der Chicagoer Schule hervorgegangen ist und seitdem große Triumphe feiert, löste innerhalb der Feministischen Forschung Wut, Entsetzen, Betroffenheit, Ablehnung, Neid, aber auch Anerkennung aus; ist es Becker doch gelungen, das «Geschlechterverhältnis» zum Gegenstand neoklassischer Theoriebildung zu machen.

---

23 „The Economic Approach to Human Behavior" wurde bereits 1976 veröffentlicht. Die folgende Auseinandersetzung bezieht sich auf die deutsche Ausgabe, die 1993 unverändert in 2. Auflage erschienen ist.

Zu den Besonderheiten der von Becker begründeten New Home Economics gehört die Ausweitung des Gegenstandsbereichs der Ökonomik auf den Familienhaushalt und die ökonomietheoretische Berücksichtigung aller nichtmarktvermittelten haushaltsbezogenen Handlungen (Becker 1965; 1973; 1981; 1985). Damit hat Becker nicht nur einen eigenen Beitrag zur spezifischen Verflechtung von Haus- und Erwerbsarbeit geliefert, sondern darüber hinaus ein „feministisches" Modell entwickelt, das den Anspruch erhebt, die Problematik der «Frauenarbeit» im gesamtgesellschaftlichen Kontext zu erklären, allerdings ohne dabei Bezug auf die Feministische Forschung zu nehmen.

Auch in der Bundesrepublik Deutschland wird der rational-ökonomische Ansatz mittlerweile immer sorgloser auf die soziale und natürliche Umwelt angewendet (z.B. Ramb/Tietzel 1993), bleibt aber, von kritischen Ausnahmen abgesehen (Minte 1983; Meyer 1987; Seel 1991; Ott 1992; Galler/Ott 1992; Grözinger/Schubert/ Backhaus 1993), weitestgehend nur eine deutschsprachige Kopie des von Becker konzipierten Erklärungsmusters. Aus diesem Grund konzentriert sich die folgende Auseinandersetzung auf den originären „Economic Approach".

Beckers Entwurf, der mit Hilfe zweier Konzeptionen, dem Zeitallokations- und dem Humankapitalkonzept, eine rational-ökonomische Begründung der Arbeitsteilung im Familienhaushalt liefert, ist hinsichtlich der Einbindungsmöglichkeiten des «Geschlechterverhältnisses» in die Ökonomik von zweifacher Bedeutung: Erstens, weil mit der Untersuchung der personalen Zusammenhänge im Familienhaushalt endlich die Beziehungen zwischen Männern und Frauen berücksichtigt werden und zweitens, weil jetzt auch die nichtmarktvermittelte Tätigkeit im Haushalt, die «Hausarbeit», bewertet wird.

Das den New Home Economics zugrundeliegende neoklassische Rationalitätsverständnis unterstellt zwar eine potentielle «Gleichheit» zwischen den Geschlechtern und behauptet, aus diesem Grund ein *geschlechtsunabhängiges* Handlungsmodell zu verwenden, jedoch muß der „Economic Approach", wenn er den Anspruch erhebt, die Handlungen von Männern und Frauen, insbesondere den Zusammenhang zwischen Haus- und Erwerbsarbeit, zu erklären, konzeptionell sehr wohl zwischen den Geschlechtern unterscheiden. Eine solche Differenzierung basiert aber immer auf einer spezifischen Vorstellung von «Geschlechtlichkeit» bzw. von «Männlichkeit» und «Weiblichkeit». Wenn dem rational-ökonomischem Handlungsmodell indessen ein vereinheitlichendes Rationalitätsverständnis zugrunde gelegt wird, wie wird dann zwischen den Handlungen von Männern und Frauen und insbesondere zwischen den Handlungsräumen, in denen geschlechtsspezifisch unterschiedliche Tätigkeiten verrichtet werden, differenziert? Und wie wird diese «Differenz» erklärt?

Die in Punkt 2. geführte Auseinandersetzung mit den Konzeptionen der Feministischen Forschung hat verdeutlicht, daß es im Hinblick auf die Bestimmung des «Geschlechterverhältnisses» notwendig ist, die Grundlagen dieser Differenzierung zu enthüllen.

Damit im folgenden das Kriterium, das die New Home Economics zur Bestimmung der Handlungen von Männern einerseits und Frauen andererseits im Familienhaushalt verwenden, offengelegt werden kann, werden auch die wesentlichen Neuerungen des „Economic Approach" und darauf aufbauend die zentralen Aussagen in bezug auf die «Frauenarbeit» untersucht. An der rational-ökonomischen Bestimmung der geschlechtsspezifischen Arbeitsteilung im Familienhaushalt wird sodann gezeigt, wie die Entscheidung über die Arbeitsteilung zustandekommt und welchen Stellenwert die beiden Elemente, das Zeitallokations- und das Humankapitalkonzept, in diesem Zusammenhang besitzen. Die feministische Kritik an den New Home Economics zeigt anschließend die Möglichkeiten und Grenzen des „Economic Approach" im Hinblick auf die ökonomietheoretische Einbindung des «Geschlechterverhältnisses» auf.

66

3.1 Die rational-ökonomische Erklärung menschlichen Verhaltens

Mit der Bezugnahme auf die sozialphilosophischen Wurzeln der Ökonomik, insbesondere auf die utilitaristische Sichtweise Benthams, auf die Smith'sche Betrachtung ökonomischer Handlungen außerhalb des Marktbereichs und auf die von Marx hergestellten Bezüge zu nichtmarktvermittelten Verhältnissen in der Politik und in der Familie steckt Becker den Rahmen des Anwendungsbereichs der traditionellen Ökonomik neu ab (Becker 1993, S.7f.). Während Smith und Marx als theoriegeschichtliche Rechtfertigung für die Analyse der Mensch-Mensch-Beziehungen herangezogen werden, liefert das Bentham'sche „Lust-Unlust"-Kalkül das Fundament für ein Handlungsmodell, das auch soziale Sachverhalte erklären soll. Mit der Hypothese,

> „... daß der ökonomische Ansatz so umfassend ist, daß er auf alles menschliche Verhalten anwendbar ist, sei es nun Verhalten, das monetär meßbar ist oder unterstellte 'Schatten'-Preise hat, seien es wiederkehrende oder seltene Entscheidungen, seien es wichtige oder nebensächliche Entscheidungen, handele es sich um emotionale oder nüchterne Ziele, reiche oder arme Menschen, Männer oder Frauen, Erwachsene oder Kinder, kluge oder dumme Menschen, Patienten oder Therapeuten, Geschäftsleute oder Politiker, Lehrer oder Schüler" (Becker 1993, S.7),

stieß Becker alle WirtschaftswissenschaftlerInnen vor den Kopf, die sich bewußt ausschließlich auf das ökonomische System, auf die Untersuchung geldvermittelter Transaktionen, bezogen. Mit der Verleihung des Nobelpreises 1992 hat sich dieser Affront allerdings in Anerkennung verwandelt. Heute findet zwar die Ausweitung des Anwendungsbereichs der Ökonomik Zustimmung, aber die Frage, ob das verwendete Handlungsmodell geeignet ist, komplexe soziale Prozesse zu erklären, ist nach wie vor höchst umstritten (Minte 1983; Scherhorn 1986; Meyer 1987; Bürgenmeier 1992)[24]. Wie aber wird rational-ökonomisches Handeln, das alles menschliche

---

24 Zu denen, die der wissenschaftlichen Erfolg versprechenden Verführung rational-ökonomischer Erklärungen unterlagen, gehört z.B. Manfred Tietzel. Während Tietzel noch 1983 scharfe Kritik

Verhalten erklären soll, bestimmt, und welches Rationalitätsverständnis liegt dieser Erklärung zugrunde?

Der an ein solches Handeln gelegte Maßstab ist zwar nicht besonders eng,

> „... gleichwohl sind Wirtschaftswissenschaftler doch der Ansicht, daß Menschen im Prinzip intelligente Wesen sind in dem Sinne, daß ihre Nachfragekurven fallen und daß sie die bessere Alternative der weniger guten vorziehen." (McKenzie/Tullock 1984, S.68).

Deshalb wird im Handlungsmodell unterstellt, daß die Präferenzen des Individuums insofern stabil sind, als sie unabhängig von Kultur- oder Schichtzugehörigkeit existieren (Becker 1993, S.3) und sich auf alle Wahlobjekte beziehen.

> „Die als stabil vorausgesetzten Präferenzen beziehen sich nicht auf Güter und Dienstleistungen wie Orangen, Autos oder Gesundheitsdienste, sondern auf grundlegende Wahlobjekte, die jeder Haushalt herstellt, indem er Marktgüter und -leistungen, eigene Zeit und andere Faktoren einsetzt. Diese tieferliegenden Präferenzen beziehen sich auf grundlegende Aspekte des Lebens, wie Gesundheit, Prestige, Sinnenfreude, Wohlwollen oder Neid, die nicht immer in einer festen Relation zu Marktgütern und -leistungen stehen." (Becker 1993, S.4).

Mit diesen Präferenzen „ausgestattet" und unter Zuhilfenahme der Marktinstrumente verfolgt das Individuum dann das gesteckte Ziel der Nutzenmaximierung[25]. Mit dieser Verhaltenshypothese versuchen die VertreterInnen dieses Ansatzes, menschliche Handlungen in allen gesellschaftlichen Bereichen zu erklären. Dabei wird das Verhalten von sozialen Gruppen wie der Familie oder den Unternehmen als die Summe individueller Bewertungen und Entscheidungen bestimmt. Dahinter steht, so Richard McKenzie und Gordon Tullock, die Auffassung, daß eine Entscheidung und der Entschluß zu einer bestimmten Handlung nur auf der Grundlage individueller

---

an den New Home Economics, insbesondere an der Annahme stabiler Präferenzen, formulierte (Tietzel 1983), tritt er 1993 selbst als Mitherausgeber einer Veröffentlichung mit dem programmatischen Titel: „Ökonomische Verhaltenstheorie" auf, wo er den „Economic Approach" auf die „Natur" anwendet (Ramb/Tietzel 1993).

25 „Im übrigen unterstellt der ökonomische Ansatz nicht, daß die Entscheidungsträger sich notwendigerweise ihrer Maximierungsbemühungen bewußt sind, oder daß sie in informativer Weise Gründe für die systematischen Muster in ihrem Verhalten verbalisieren oder sonstwie beschreiben können." (Becker 1993, S.6).

Bewertungen getroffen werden kann (McKenzie/Tullock 1984, S.28), weil nur ein Individuum wertende Ansichten hat. Von diesem Standpunkt aus wird nicht nur der Schluß gezogen, daß auch „... nur Individuen handeln können" (McKenzie/Tullock 1984, S.28), sondern gleichzeitig wird die methodische Begründung dafür geliefert, warum die Analyse gesellschaftlicher Zusammenhänge beim Individuum ansetzt. Die Hypothese, daß die mit gegebenen und stabilen Präferenzen „ausgestatteten" Individuen ihre Handlungen auf Nutzenmaximierung ausrichten, liefert auch das Fundament für Prognosen über Reaktionen auf unterschiedlich gelagerte Veränderungen (Becker 1993, S.4). Deshalb bilden, so Becker, die „... Annahmen des nutzenmaximierenden Verhaltens, des Marktgleichgewichts und der Präferenzenstabilität ..." (Becker 1993, S.4) den Kern des „Economic Approach".

Darüber hinaus zieht die Ausweitung des Anwendungsbereichs eine weitere Besonderheit nach sich. Diese besteht in dem Bruch mit der Bestimmung der Ökonomik über ihren Gegenstandsbereich. Indem Becker annimmt, daß sich die Ökonomik von anderen sozialwissenschaftlichen Disziplinen primär durch ihren *Ansatz*, nicht durch den *Gegenstandsbereich* unterscheidet (Becker 1993, S.3), kann er schlußfolgern, „... daß die besondere Stärke des ökonomischen Ansatzes darin liegt, daß er eine breite Skala menschlichen Verhaltens integrativ erfassen kann." (Becker 1993, S.3). Dasselbe Verständnis liegt auch der Argumentation von McKenzie/Tullock zugrunde[26], denn sie verstehen diesen Ansatz als einen

> „... Denkprozeß oder, anders ausgedrückt, die Art und Weise, wie Ökonomen an ein Problem herangehen, nicht aber eine Menge von Problemen, die man ohne weiteres von anderen abtrennen kann und durch die so der Ökonom von anderen Wissenschaftlern unterschieden werden kann." (McKenzie/Tullock 1984, S.25).

---

26 McKenzie und Tullock betonen: „Die Analyse beruht ja auf Abstraktionen, die einen Ausschnitt dessen bezeichnen, was man 'die Welt, wie sie ist' nennen könnte. Das Ganze beruht natürlich auf der Erwartung, daß wir mit diesem Ansatz etwas erfahren können über 'die Welt, wie sie ist', und daß wir anschließend auch besser vorhersagen können, was in ihr geschehen wird." (McKenzie/Tullock 1984, S.26).

Mit der Definition der Ökonomik als einen „Approach", der entweder verifiziert oder falsifiziert werden kann, wurden „... scheinbar mit einem Schlag alle erkenntnistheoretischen und methodologischen Kalamitäten und Schwächen behoben." (Biervert/Wieland 1990, S.17). Und indem die Zweckrationalität zum einzigen handlungsleitenden Entscheidungskriterium deklariert wird, werden Allgemeingültigkeit beanspruchende Aussagen in bezug auf soziale Zusammenhänge und Ereignisse getroffen. Der Erklärungsanspruch des „Economic Approach" „... bezieht sich also nicht *direkt* auf menschliches Handeln und Verhalten, sondern ist eher eine analytische Perspektive, ein Forschungsansatz professioneller Ökonomen." (Biervert/Wieland 1990, S.20).

Obwohl die rational-ökonomische Herangehensweise als eine „unmoralische" (McKenzie/Tullock 1984, S.27) bestimmt wird, weil mit immer derselben Konzeption so unterschiedliche Dienstleistungen wie Prostitution oder gar eine Predigt untersucht werden, kann es nicht darum gehen, die VertreterInnen dieses Ansatzes voreilig mit moralisierenden Argumenten zu konfrontieren. Denn um diesem Konzept eine adäquate Kritik entgegenstellen zu können, muß der von ihnen formulierte Anspruch offengelegt und ernst genommen werden. Als der Begründer der New Home Economics ist auch Becker derjenige, der die Erklärungsansprüche des rational-ökonomischen Ansatzes sehr hoch hängt:

> „Alles menschliche Verhalten kann vielmehr so betrachtet werden, als habe man es mit Akteuren zu tun, die ihren Nutzen, bezogen auf ein stabiles Präferenzsystem, maximieren und sich in verschiedenen Märkten eine optimale Ausstattung an Information und anderen Faktoren schaffen.
> Trifft dieses Argument zu, dann bietet der ökonomische Ansatz einen einheitlichen Bezugsrahmen für die Analyse menschlichen Handelns, wie ihn Bentham, Comte, Marx und andere seit langem gesucht, aber verfehlt haben." (Becker 1993, S.15).

Während die meisten der US-amerikanischen VertreterInnen dieser Schule ihren Erklärungsanspruch zurückgenommen haben und vor dem Mißverständnis, daß mit ökonomischen Mitteln alle Bereiche des menschlichen Lebens erklärt werden können, warnen (McKenzie/Tullock 1984, S.10), wird bei Becker dieser Anspruch zum methodologischen Programm:

> „Innerhalb des ökonomischen Ansatzes erfüllen die Marktinstrumente die meisten, wenn nicht alle jene Funktionen, die in soziologischen Theorien der 'Struktur' zugeschrieben werden." (Becker 1993, S.4).

Um sagen zu können, ob und inwieweit der „Economic Approach" seinem Anspruch genügt, kann eine soziologische Begriffsbestimmung von Struktur herangezogen werden. Danach bezieht sich in der Soziologie der Strukturbegriff

> „... auf die relativ dauerhaften Gebilde und Handlungszusammenhänge eines Beziehungsgeflechtes; die Struktur sozialer Systeme ist für das handelnde Individuum Teil der sozialen Situation, an der Handeln und Verhalten ausgerichtet werden." (Reinhold 1991, S.589).

In entsprechendem Sinne muß der „Economic Approach" die Märkte als soziale Systeme und die Situationen, die die Bezugspunkte für die handelnden Individuen bilden, als marktbezogene Wettbewerbs- oder Konkurrenzbedingungen begreifen. Um dem formulierten Anspruch gerecht zu werden, ist also ein Begründungszusammenhang herzustellen, der ausnahmslos alle Handlungen unter Bezugnahme auf die Marktinstrumente erklären kann.

3.2. Die Anwendung des rational-ökonomischen Ansatzes auf die «Frauenarbeit»

Eine revidierte Betrachtungsweise auf Handlungen von Männern und Frauen im Zusammenhang mit dem Familienhaushalt ist die Voraussetzung für eine ökonomietheoretische Untersuchung der «Hausarbeit». Diese Veränderung vollziehen die New Home Economics, indem sie über die originär neoklassische Fragestellung hinausgehen und die Nutzenfunktion sowie die Art ihrer Restriktionen inhaltlich neu bestimmen. Während die traditionelle neoklassische Haushaltstheorie aufgrund der

Frage, „... welche Mengen der einzelnen Güter ein Haushalt erwerben muß, wenn er seinen Nutzen maximieren möchte" (Feess-Dörr 1991, S.71), dazu benutzt wird, die Erwerbsarbeitsangebots- und die Konsumgüternachfragefunktionen abzuleiten, beziehen sich moderne rational-ökonomische Ansätze außerdem auch auf die internen Verhältnisse des Familienhaushalts: „Das Anliegen der ökonomischen Analyse ist es, generelle Aussagen, Hypothesen, über das typische Verhalten von Familien zu machen." (Ribhegge 1993, S.64).

Um so bedeutsame familiale Entscheidungen wie die zu heiraten, Kinder zu haben oder sich scheiden zu lassen zu untersuchen, wird dem Familienhaushalt eine produktionstheoretische Sichtweise zugrunde gelegt. Dabei werden die beiden herkömmlichen Annahmen, daß die rational kalkulierenden Individuen unter Kenntnis aller Handlungsalternativen ihre Entscheidungen treffen und daß der Familienhaushalt seinen Nutzen direkt aus dem Konsum von Gütern und Dienstleistungen zieht, die er auf dem Markt erwirbt, aufgegeben. Statt dessen wird unterstellt, daß in den Familienhaushalten, trotz unvollkommener Informationen (Becker 1993, S.5), rational-ökonomisch gehandelt wird, denn es wird nicht nur konsumiert[27], sondern es werden auch Güter produziert.

> „Zu den zahlreich im Haushalt produzierten Gütern gehören etwa die Qualität der Mahlzeiten, die Quantität und Qualität der Kinder, Prestige, Erholung, Kameradschaft, Liebe und Gesundheit." (Becker 1993, S.228).

Diese als «Haushaltsendprodukte» oder „commodities" (Becker 1993, S.149) bezeichneten Güter haben nicht nur eine materielle, sondern auch eine immaterielle Beschaffenheit. Der Grundgedanke dieser Sichtweise ist, daß der Nutzen nicht direkt aus dem Kauf, Besitz oder Gebrauch der Marktgüter abgeleitet werden kann, sondern aus der Nutzung bestimmter Eigenschaften dieser Güter resultiert (Becker 1993, S.100). Erst im Zusammenspiel mit diesen „Inputs" kann der Haushalt seine

---

27 Die Nachfrage nach Marktgütern wird, da sie eine Folge der Produktionsaktivitäten im Haushalt ist, als eine abgeleitete bestimmt (Becker 1993, S.149).

benötigten Leistungen, „Outputs", produzieren und somit die Grundlage für seine individuelle Versorgung schaffen.

Die institutionelle Voraussetzung zur gemeinsamen Produktion im Familienhaushalt ist nach Becker die Eheschließung. In der „Theorie der Heirat" (Becker 1993, S.225ff.), die nach dem Grund sucht, warum sich eine Ehe konstituiert, wird gemäß der ökonomischen Rationalität davon ausgegangen, daß alle Individuen überlegen, welche Vorteile und welche Nachteile sich aus einer Eheschließung ergeben[28]. Aus der Annahme, daß die Entscheidung zu heiraten präferenztheoretisch mit der individuellen Erwartung eines höheren Nutzenniveaus erklärt werden kann (Becker 1993, S.226), folgt:

> „... Da viele Männer und Frauen bei ihrer Partnersuche miteinander im Wettbewerb stehen, kann man unterstellen, daß es einen Heirats*markt* gibt. Jeder einzelne versucht den besten Ehepartner zu finden, in Abhängigkeit von den Restriktionen, die die Marktbedingungen auferlegen." (Becker 1993, S.226).

Am Ende einer erfolgreichen Suche auf dem „Heiratsmarkt" nach einem Partner bzw. einer Partnerin steht dann die Eheschließung. Dabei ist der aus dieser Ehe zu erwartende Gewinn um so größer, je *komplementärer die Ressourcen* des Mannes und der Frau sind (Becker 1993, S.232; Hartwig 1993, S.46). Mit dieser Prämisse interpretiert Becker alle innerhalb des Familienhaushalts getroffenen Entscheidungen als das Ergebnis partnerschaftlicher Wahlhandlungen und legt, die Nutzenfunktion des Ehemannes und der Ehefrau formal zusammenfassend, dem Familienhaushalt eine einheitliche Nutzenfunktion zugrunde (Becker 1981, S.191).

---

28 Mit dieser Sichtweise werden mittlerweile auch andere Beziehungsformen untersucht, z.B. sog. „wilde" Ehen ohne Trauschein, außereheliche Affären, zeitweise Formen des Zusammenlebens zwischen anders- oder gleichgeschlechtlichen Partnern (Hartwig 1993, S.34).

Der Familienhaushalt wird als eine „kleine Fabrik" (Becker 1993, S.101) bestimmt, die „... Investitionsgüter, Rohstoffe und Arbeit zur Reinigung, Ernährung, Fortpflanzung und zur anderweitigen Produktion nützlicher Güter" (Becker 1993, S.101) zusammenfügt, und zur Erzeugung dieser «Haushaltsendprodukte» Arbeitskraft und Arbeitszeit einsetzt. Um zu verdeutlichen, inwiefern die Zeit das konstitutive Element zur Produktion der „commodities" ist, führt Becker an:

> „Der Besuch eines Theaterstücks ist zum Beispiel ein solches Gut, das von Schauspielern, vom Stück, vom Theater und von der Zeit des Theaterbesuchers als Input abhängt; ein anderes Gut ist Schlaf, das von einem Bett, Haus, (Tabletten?) und von der Zeit als Input abhängt." (Becker 1993, S.100).

Indem auch der Zeit, die zur Haushaltsproduktion eingesetzt wird, eine zentrale ökonomietheoretische Bedeutung zukommt, ist weder die traditionelle mikroökonomische Trennung zwischen Produktion und Konsumtion noch die zwischen Erwerbsarbeitszeit und Freizeit aufrechtzuerhalten. In Verbindung mit diesen konzeptionellen Erneuerungen der herkömmlichen Haushaltstheorie verändert sich auch der verwendete «Arbeitsbegriff»: „Die Verwendung von Zeit als Mittel nennen wir 'Arbeit'." (Seel 1991, S.46). Durch diesen revidierten Blick auf den Haushalt ist die Familie zu einer gemeinschaftlichen Entscheidungsinstanz bezüglich der Allokation von Zeit und Gütern zum Zweck des Haushaltskonsums und der Haushaltsproduktion geworden[29]. „Freizeit stellt keine unproduktive Phase dar, sondern dient der Produktion von Gütern, wie Erholung, Gesundheit, Ausbildung usw." (Ribhegge 1993, S.65).

---

29 Bezugnehmend auf die produktionstheoretischen Interpretationen der Haushaltsentscheidungen liefert Barbara Seel einen Beitrag, der die verschiedenen formalen Modellierungen aus Sicht der Haushaltswissenschaft kritisch beleuchtet (Seel 1991).

Da der Familienhaushalt nicht mehr länger nur „Nutzenmaximierer", sondern jetzt auch „Produktionseinheit" ist, wird die traditionelle *Nutzenfunktion*

$$(1) \quad U = u\,(x_1, x_2, \ldots, x_n),$$

wobei U den Nutzen und x_i die Mengen der Marktgüter bezeichnet, durch die *Nutzenfunktion des Haushalts*[30]

$$(2) \quad U = u\,(Z_1, Z_2, \ldots, Z_n)$$

ersetzt (Becker 1993, S.149), wobei Z_i die „commodities" bezeichnen.

Zur Erzeugung von «Haushaltsendprodukten» (Z_i) werden sowohl die am Markt erworbenen Güter (x_i) als auch die eigene Arbeitszeit (t_i) benötigt.

Den produktionstheoretischen Zusammenhang zwischen den verwendeten Gütern (x_i) und der eingesetzten Zeit (t_i) beschreibt dann die *Haushaltsproduktionsfunktion*

$$(3) \quad Z_i = z_i\,(x_i, t_i, E),$$

wobei E eine „Umweltvariable" ist, die den Stand der Produktionsweise oder das technische Niveau des Produktionsprozesses widerspiegelt (Becker 1993, S.149f.).

Da der Familienhaushalt für den Kauf von Marktgütern monetäres Einkommen (I) benötigt, wird die folgende *Einkommensgleichung* zugrunde gelegt

$$(4) \quad I = lt_w,$$

dabei bezeichnet l den Lohnsatz der angebotenen Erwerbsarbeitszeit und t_w die Zeit, die zum Einkommenserwerb eingesetzt wird.

---

30 Da eine einheitliche Nutzenfunktion angenommen wird, ist die Nutzenmaximierung für alle Familienmitglieder gleichbedeutend mit der Maximierung der Menge von «Haushaltsendprodukten», die sie erhalten (Becker 1993, S.229).

Die Zielsetzung der Maximierung der Nutzenfunktion des Haushalts (2) unterliegt somit nicht mehr nur der üblichen *Budgetrestriktion*

$$(5) \quad I = \sum_{i=1}^{n} p_i x_i \, ,$$

wobei p_i die Preise der Marktgüter bezeichnet, die zur Produktion von Z_i erforderlich sind, sondern ebenso der *Zeitbeschränkung*

$$(6) \quad T = t_w + \sum_{i=1}^{n} t_i \, .$$

Dabei bezeichnet T die gesamte Zeit der Haushaltsmitglieder und t_i die Zeit, die im Haushalt für die Produktion von Z_i eingesetzt wird (Becker 1993, S.150).

Da die Familienhaushalte in ihrem Produktionsprozeß knappe Marktgüter mit knapper Zeit, die jeweils beide einen Preis haben, kombinieren, beruhen alle haushaltsspezifischen Aktivitäten auf einem Zeit- und einem Geldpreis (Krüsselberg/Auge/Hilzenbecher 1986, S.25). Dadurch, daß sowohl der indirekte Nutzen des monetären Einkommens als auch der direkte Nutzen der «Haushaltsendprodukte» von zentraler Bedeutung für die Nutzenmaximierungsbestrebungen des Familienhaushalts ist, reflektiert die Unterscheidung zwischen dem Geld- und dem Zeitpreis der «Haushaltsendprodukte» die Interdependenz der Nutzenfunktionen von Ehemann und Ehefrau.

Um die für «Hausarbeit» eingesetzte Zeit bewerten zu können, wird auch der Zeit, die für die Haushaltsproduktion verwendet wird, ein Bewertungsmaßstab zugrunde gelegt. Diese Bewertung von nichtmarktvermittelten unbezahlten Tätigkeiten erfolgt unter Bezugnahme auf den Markt, denn

„Preise, seien dies die Geldpreise des Marktsektors oder die unterstellten 'Schattenpreise' des Nicht-Marktbereichs, messen die Opportunitätskosten des Einsatzes knapper Ressourcen." (Becker 1993, S.5).

Bei der Messung der Opportunitätskosten für «Hausarbeit» wird unterstellt, daß die Allokation der Zeit, ebenso wie die Allokation anderer als knapp bestimmter Ressourcen, durch die Marktinstrumente, insbesondere durch die Preise, gesteuert wird. Wenn Becker daher davon ausgeht, daß „... Zeit durch monetäres Einkommen in Güter umgesetzt werden kann" (Becker 1993, S.104), ist die Zeit ein substitutionsfähiges Gut (Becker 1993, S.124). Das bedeutet, daß auch der im Haushalt eingesetzten Zeit ein fiktiver Preis, ein „Schattenpreis", zugeordnet werden kann. Durch die Bepreisung der «Hausarbeitszeit» findet die gesamte verfügbare Zeit der Familienmitglieder produktionstheoretische Berücksichtigung. Auf dieser Grundlage kann, „... wenn die gesamte Zeit und alle anderen Ressourcen des Haushalts der Erzielung von Einkommen gewidmet würden, ohne Rücksicht auf den Konsum" (Becker 1993, S.104), die Entstehung des gesamten Einkommens des Familienhaushalts bestimmt werden. Aus diesem Grund wird die traditionelle Einkommensgleichung (4) um die zur Haushaltsproduktion eingesetzte Zeit erweitert. Durch die Bestimmung des Familienhaushalts als Einheit von Produktion und Konsumtion wird auch bei der Bestimmung des *„Gesamteinkommens" des Familienhaushalts (S)*

$$(7) \quad S = l(t_w + t_i) = \sum_i (p_i x_i + l t_i),$$

auf der linken Seite dieser Gleichung die Entstehung, auf der rechten die Verwendung des „Gesamteinkommens" abgebildet[31].

Während die Entstehung des „Gesamteinkommens" formal gleichgesetzt wird mit der gesamten verfügbaren Zeit der Familienmitglieder $(t_w + t_i)$, multipliziert mit dem Lohnsatz (l), setzt sich die Einkommensverwendung aus den „Inputs" in die Haushaltsproduktion, d.h. aus der Bewertung von x_i und t_i zu ihren Marktpreisen p_i und l

---

31 Die Bestimmung des Gesamteinkommens des Familienhaushalts „... liefert ... eine bedeutungsvolle Ressourcenrestriktion, die fest auf der Tatsache basiert, daß Güter und Zeit in einer einzigen Gesamtrestriktion kombiniert werden können, weil Zeit durch monetäres Einkommen in Güter umgesetzt werden kann." (Becker 1993, S.104).

zusammen. In bezug auf die für «Hausarbeit» verwendete Zeit t_i bezeichnet l den Lohnsatz, der erzielt werden könnte, wenn diese Zeit statt dessen für Erwerbsarbeit eingesetzt werden würde, also die Opportunitätskosten der Zeit.

Durch die produktionstheoretische Deutung der von Ehemann und Ehefrau verrichteten Tätigkeiten wird die Zeit zu einer zentralen Ressource des Familienhaushalts. Indem sowohl die für Erwerbsarbeit als auch die für «Hausarbeit» eingesetzte Zeit bewertet wird, schafft der „Economic Approach" eine Voraussetzung dafür, daß beide Arbeitsbereiche des Familienhaushalts – Erwerbsarbeit und Hausarbeit – ökonomietheoretische Berücksichtigung finden können. Wie aber wird entschieden, welches Familienmitglied welchen Tätigkeitsbereich in welchem Umfang übernimmt und wie welche Elemente diese Entscheidung beeinflussen?

3.2.1 Wie wird im Familienhaushalt über die Arbeitsteilung entschieden?

Mit der Haushaltsproduktionsfunktion stellt Becker das Verhältnis zwischen dem gesamten „Output" der «Haushaltsendprodukte» (Z_i) und den verschiedenen „Inputs", also den Marktgütern (x_i), der Zeit (t_i) und der „Umweltvariablen" (E) her, so daß auch die Faktoren, die die innerfamiliale Arbeitsteilung begründen, in den produktionstheoretischen Entscheidungen des Familienhaushalts sichtbar werden. Weil die „Umweltvariable" (E) lediglich den Stand der Haushaltstechnologie widerspiegelt, sind die Marktgüter und die Zeit die relevanten Komponenten der Entscheidung über die Arbeitsteilung. Für den Kauf von Marktgütern benötigt der Familienhaushalt ein monetäres Einkommen, das in der Regel durch Erwerbsarbeit realisiert wird. In bezug auf den Faktor Zeit kann zwischen drei verschiedenen Handlungsalternativen differenziert werden, denn der „Economic Approach" geht

78

davon aus, daß die Familienmitglieder ihre Zeit für verschiedene Aktivitäten, für Erwerbsarbeit, Hausarbeit oder für den Konsum, nutzen können (Ott 1993, S.120, Fn.9).

Vor diesem Hintergrund muß jeder Haushalt, um «Haushaltsendprodukte» zu erzeugen, sowohl Zeit für Erwerbsarbeit als auch Zeit für «Hausarbeit» einsetzen. Deshalb wird im Gegensatz zu einem Einpersonenhaushalt die Besonderheit eines Mehrpersonen- bzw. Familienhaushalts darin gesehen, daß die zur gemeinsamen Nutzenmaximierung erforderlichen Tätigkeiten zwischen Ehemann und Ehefrau rational-ökonomisch effizient aufgeteilt werden können (Becker 1993, S.187). Aus diesem Grund wird angenommen, daß bereits bei dem Entschluß zu heiraten, neben den Vorteilen, die sich aus der gemeinsamen Nutzung von haushaltsöffentlichen Gütern, wie Wohnung, Auto etc. ergeben (Becker 1993, S.232), der aus der Arbeitsteilung erwartete komparative Vorteil von zentraler Bedeutung ist.

Der komparative Vorteil ist das Ergebnis der effizienten Zeitallokation des Ehepaars (Ribhegge 1993, S.66) und findet seinen monetären Ausdruck in der Senkung haushaltsspezifischer Kosten (Becker 1993, S.232). Aus der Teilung der Arbeit kann für den Familienhaushalt jedoch nur dann ein komparativer Vorteil entstehen, wenn Ehemann und Ehefrau die zur Erzeugung der «Haushaltsendprodukte» notwendige Zeit effizient einsetzen. Dieser Vorteil wird um so größer, je höher der Spezialisierungsgrad auf einen Tätigkeitsbereich des Familienhaushalts, also auf Erwerbsarbeit oder auf Hausarbeit, ist.

> „So entsteht ein Spezialisierungsgewinn für beide Partner nicht nur dann, wenn derjenige den Haushalt führt, der bei gleichen Fähigkeiten im Haushaltsmanagement weniger verdient bzw. bei gleichem Lohn die höhere heimische Produktivität aufweist. Eine Spezialisierung auf heimische Leistungen kann selbst für den höherverdienenden Partner sinnvoll sein; nämlich dann, wenn sein Einkommensvorteil geringer ist als sein Effizienzvorteil zu Hause." (Hartwig 1993, S.47).

Aufgrund der Möglichkeit, einen Spezialisierungsgewinn zu erzielen, wird die Zeitallokation des Ehemannes und der Ehefrau zu einem der entscheidungsrelevanten

Elemente der Arbeitsteilung. Mit Hilfe des Zeitallokationskonzepts kann ermittelt werden, wieviel Zeit welches Familienmitglied für Hausarbeit oder Erwerbsarbeit einsetzen muß, damit der Familienhaushalt durch die Spezialisierung einen Gewinn erzielt. Gemäß der ökonomischen Rationalität übernimmt jeweils das Familienmitglied den Tätigkeitsbereich, in dem der je höhere Vorteil erzielt wird (Becker 1993, S.123). Insofern muß sich die Person, die den höheren Einkommensvorteil erzielt, auf Erwerbstätigkeit und diejenige, die den größeren Effizienzvorteil erreicht, auf «Hausarbeit» spezialisieren. Da in den meisten Ehen die Frauen diejenigen sind, die im Vergleich zu ihren Ehemänner geringere Verdienstmöglichkeiten auf dem Erwerbsarbeitsmarkt haben, handeln diese Familienhaushalte rational-ökonomisch, wenn eine Arbeitsteilung praktiziert wird, bei der die Frau die Hausarbeit und der Mann die Erwerbsarbeit übernimmt (Becker 1981, S.23).

Dieser Begründungszusammenhang macht zwar plausibel, daß aufgrund einer effizienten Zeitallokation des Ehepaars, die in der Arbeitsteilung verwirklicht wird, ein Spezialisierungsgewinn für den Familienhaushalt entsteht. Aber die Frage, warum in der Regel die Frauen diejenigen sind, die die Hausarbeit übernehmen und die Männer diejenigen, die erwerbstätig sind, kann mit dem Zeitallokationskonzept nicht beantwortet werden.

Der Grund dafür ist, daß der „Economic Approach" durch die produktionstheoretische Interpretation der Handlungsfelder Erwerbsarbeit und Hausarbeit das Zeitallokationskonzept von vornherein an den Erwerbsarbeitsmarkt bindet. Indem die «Hausarbeit» ökonomietheoretisch eingebettet und anhand von Opportunitätskosten bewertet wird, ist sie der Erwerbsarbeit qualitativ gleichgestellt, das potentielle Einkommen wird zum Bewertungsmaßstab beider Handlungsfelder.

Es zeigt sich, daß die rational-ökonomische Erklärung der geschlechtsspezifischen Arbeitsteilung nicht nur an eine Begründung, sondern an eine zweite gebunden ist. Denn es wird nicht nur ein Element benötigt, das festlegt, wie die Zeit effizient zwischen Ehemann und Ehefrau aufgeteilt werden kann, sondern ebenso notwendig ist ein zweites Element, mit dem geschlechtsspezifische Unterschiede im Einkommen erklärt werden können.

Dieses zweite Element ist das Humankapital. Mit dem Begriff Humankapital wird versucht, die spezifischen Fähigkeiten, Fertigkeiten und Eigenschaften eines Individuums zu bündeln. Bezugnehmend auf den von Smith konzipierten Humankapitalansatz[32] wurden im Rahmen des neoklassischen Theoriegebäudes seit Ende der fünfziger Jahre humankapitalbezogene Erklärungsansätze entworfen (Mincer 1958; Schultz 1961; Becker 1962; 1964). Insbesondere in den USA spielen, wie Hans Schmid und Doris von Dosky zeigen, diese Konzeptionen eine zentrale Rolle in der Arbeitsmarktökonomik (Schmid/Dosky 1990). Humankapitaltheorien sind angebotsorientierte Ansätze, die versuchen, den Zusammenhang zwischen beruflicher Qualifikation, Erwerbsbeteiligung und Erwerbslosigkeit zu bestimmen. Dabei wird die traditionelle Bedingung vollständiger Konkurrenz, die auf der Prämisse der Homogenität des Arbeitskraftangebots aufbaut, aufgegeben und aufgrund unterschiedlicher Qualifikationsprofile durch die Annahme, daß das Arbeitsangebot im Hinblick auf die Qualifikation heterogen ist, ersetzt (Schmid/Dosky 1990, S.43).

Der Humankapitalansatz definiert die «Arbeitskraft» als eine Vermögenskategorie, deren je spezifische Qualifikation sich durch verschiedenartige Investitionen in das Humankapital bestimmen läßt: „Jede Person produziert ihr eigenes Humankapital, indem sie einen Teil Zeit und Marktgüter dazu benutzt, eine 'Schule' zu besuchen, berufliche Qualifikation zu erwerben etc." (Becker 1993, S.137).

---

32 Smith bestimmt in „Der Wohlstand der Nationen" das Humankapital als „... die Fähigkeiten, die sich alle Einwohner oder Mitglieder der Gesellschaft erworben haben und mit Nutzen verwerten. Ein solcher Erwerb ist stets mit echten Kosten verbunden, da der Lebensunterhalt während der Ausbildung, dem Studium [sic!] oder der Lehrzeit gesichert sein muß. Diese Ausgaben zählen zum Anlagevermögen, das unmittelbar in den Menschen investiert ist. Solche Fähigkeiten sind ein Teil des privaten Vermögens und gehören daher zum Gesamtvermögen des Landes, in dem er lebt. Eine größere Geschicklichkeit eines Arbeiters kann man im gleichen Lichte sehen wie eine Maschine oder ein Werkzeug, die die Arbeit erleichtern oder verkürzen, da auch sie Ausgaben verursachen, die sich mit Gewinn auszahlen." (Smith 1990, S.232).

Mit steigender Qualifikation nimmt der Humankapitalbestand zu, so daß ein dementsprechend höheres Einkommen erzielt werden kann. „In ökonomischer Perspektive ist das Arbeitseinkommen ... als 'Humanvermögensrente' zu verstehen, als Entgelt aus der Nutzung dieses produktionsrelevanten Aktivums." (Krüsselberg/Auge/Hilzenbecher 1986, S.24).

In bezug auf den Familienhaushalt werden Investitionen in das Humankapital als eine „Kategorie der Zeitverwendung" (Becker 1993, S.137) interpretiert, da hinsichtlich der Arbeitsteilung angenommen wird, daß „... a family is more efficient when members devote their 'working' time to different activities, and each invests mainly in the capital specific to his or her activities." (Becker 1987, S.283).

Entsprechend der differenzierten Sichtweise auf Erwerbsarbeit und «Hausarbeit» wird davon ausgegangen, daß die Tätigkeiten in diesen ökonomischen Handlungsfeldern ein je spezifisches Humankapital erfordern. Aus diesem Grunde unterscheiden die New Home Economics zwischen *zwei* Humankapitaltypen, zwischen dem marktbezogenen und dem familienbezogenen Humankapital. Die bestehenden Unterschiede in den Kenntnissen, Fähigkeiten und Fertigkeiten, die Becker als spezifische Ausprägung im Humankapital von Ehemann und Ehefrau charakterisiert (Becker 1981; 1985; 1987), bestimmen somit auch die Spezialisierung im Familienhaushalt.

> „Substantial division of labour is to be expected in families, not only because altruism reduces incentive to shirk and cheat, but also because of increasing returns from investments in specific human capital, such as skills that are especially useful in child rearing or in market activities." (Becker 1987, S.283).

Die Spezialisierung auf einen Tätigkeitsbereich bedeutet aber auch, daß jeweils nur in eine der beiden Humankapitalformen, also entweder in das marktbezogene oder in das familienbezogene Humankapital, investiert werden kann. Die Folge ist, daß die Person, die die «Hausarbeit» übernimmt, nicht oder nur in geringem Maße in das erwerbsbezogene Humankapital investiert und sich in bezug auf die Verdienstmöglichkeiten auf dem Erwerbsarbeitsmarkt nicht verbessern kann. Somit findet

82

durch die Entscheidung von Frauen, Kinder zu haben und die «Hausarbeit» zu übernehmen, zwar einerseits eine Spezialisierung statt, die ihren Teil zur Nutzenmaximierung des Familienhaushalts beiträgt, aber andererseits führt der Entschluß, keiner oder nur teilweise einer Erwerbstätigkeit nachzugehen, zu diskontinuierlichen Erwerbsbiographien, die gemäß der ökonomischen Rationalität als fehlende bzw. mangelhafte Investition in das erwerbsbezogene Humankapital gedeutet werden (Becker 1993, S. 141f.).

In der Regel haben Frauen auf dem Erwerbsarbeitsmarkt niedrige Verdienstmöglichkeiten, so daß sie „... zu den Arbeitnehmern mit niedrigem Ausbildungsstand" (McKenzie/Tullock 1984, S. 113) zählen und damit einer Personengruppe zugerechnet werden können, die sich aus zwei Gründen durch das Merkmal «Geschlecht» unterscheidet: Im Kontext der Humankapitaltheorie reflektieren die beruflichen Qualifikationsdefizite von Frauen nämlich erstens erwerbsbiographische Unterbrechungen und zweitens die Wahl von Erwerbsarbeitsplätzen, auf denen Frauen sich nur in geringem Maße beruflich weiter qualifizieren können (Mincer/Polachak 1980).

Mit Hilfe des Humankapitalkonzepts kann zwar erklärt werden, daß aus unterschiedlichen Investitionen in das Humankapital Unterschiede in der Produktivität der Arbeitskraft resultieren, die sich letztlich in Einkommensunterschieden widerspiegeln. Aber die Fragen, warum auf allen Qualifikationsstufen bzw. in allen Segmenten des Erwerbsarbeitsmarktes wenig Frauen zu finden sind, und ob niedrige Löhne als Folge von Diskriminierung dazu führen, daß Frauen von vornherein weniger in ihr Erwerbshumankapital investieren, werden nicht gelöst. Der Grund dafür ist, daß führende Humankapitaltheoretiker wie Becker, Mincer und Polachek voraussetzen, daß sich *alle* Frauen in erster Linie an Ehe und Familie orientieren.

Demzufolge können Humankapitalkonzeptionen auch zu keinem anderen Ergebnis kommen, als daß Frauen sowieso geringer qualifizierte Arbeitsplätze nachfragen (Amsden 1988, S.146). Dieses Erklärungsmuster verbannt aber, wie Notburga Ott verdeutlicht, Frauen in einen „Teufelskreis der ökonomischen Rationalität" (Ott 1993, S.115). Im folgenden geht es daher darum zu zeigen, wie der „Economic Approach" die beiden ökonomischen Handlungsfelder des Familienhaushalts von vornherein an die Kategorie «Geschlecht» bindet und, aufgrund der Bestimmung der «Differenz» zwischen Mann und Frau, den Frauen die «Hausarbeit» und den Männern die Erwerbsarbeit zuweist.

3.2.2 Wie wird die Frau zur Hausfrau?

Im Rahmen der New Home Economics wird davon ausgegangen, daß alle Güter und Dienstleistungen, die ein Familienhaushalt benötigt, auch auf den Märkten gekauft werden können. Demzufolge führt Becker die Entscheidung, eine Ehe einzugehen, letztlich auf den *komplementären* Wunsch eines Mannes und einer Frau, „eigene Kinder zu produzieren", zurück (Becker 1993, S.231f.). Kinder sind die einzigen «Haushaltsendprodukte», die in der Regel nicht «gekauft», sondern im Familienhaushalt «hergestellt» werden (Becker 1993, S.187). Von Becker wird das eigene Kind deshalb „... als langlebiges Gut, vornehmlich als langlebiges Konsumgut, betrachtet, das den Eltern Einkommen, vornehmlich psychisches Einkommen erbringt." (Becker 1993, S.213).

In Verbindung mit der produktionstheoretischen Sichtweise auf den Familienhaushalt wird jetzt der wesentliche Unterschied zwischen Mann und Frau sichtbar:

> „A man completes his biological contribution to the production of children when his sperm fertilizes a woman's egg, after which she controls the reproductive process: she biologically houses and feeds the fetus, delivers the baby, and often feeds the infant with her own milk." (Becker 1981, S.21).

84

Mit der Bezugnahme auf die biologische «Differenz» hebt Becker den Aspekt der Komplementarität von Ehefrau und Ehemann, wie er im Hinblick auf die „Produktion von eigenen Kindern" besteht, hervor. Dieser Tatsache messen Becker und Tomes insofern eine besondere Bedeutung bei, als sie davon ausgehen, daß

> „... cultural and genetic endowments are automatically transmitted from parents to children, with the relation between the endowments of parents and children determined by the degree of 'inheritability'." (Becker/Tomes 1986, S.S31).

Um vor diesem Hintergrund erklären zu können, daß Frauen – ihrer «Natur» entsprechend – besondere Präferenzen für haushalts- und familienbezogene Tätigkeiten haben, beruft sich Becker auf Ergebnisse aus der Soziobiologie (Becker 1981; 1993). Beobachtungen und Interpretationen der „sexuellen Reproduktion" verschiedener Tierarten, vor allem der Primaten, werden herangezogen, um Parallelen zu den komplexen Handlungen der Menschen aufzeigen zu können. Hinsichtlich der Rolle einer Frau, die sie als Mutter im Familienhaushalt einnimmt, zieht Becker daraus den folgenden Schluß:

> „Women not only have a heavy biological commitment to the production and feeding of children in other, more subtle ways. Moreover, women have been willing to spend much time and energy caring for their children because they want their heavy biological investment in production to be worthwhile." (Becker 1981, S.21f.).

Diese naturalistische Argumentation macht es Becker leicht, einerseits die Ehefrau und andererseits den Ehemann den ökonomischen Handlungsfeldern des Familienhaushalts – «Hausarbeit» und Erwerbsarbeit – zuzuordnen und darauf aufbauend in bezug auf die geschlechtsspezifische Arbeitsteilung wie folgt zu argumentieren:

> „Since married women have been specialized to childbearing and other domestic activities, they have demanded long-term 'contracts' from their husbands to protect them against abandonment and other adversities. Virtually all societies have developed long-term protection for married women; one can even say that 'marriage' is defined by a long-term commitment between a man and a woman." (Becker 1981, S.14f.).

Die „langfristigen Verträge" zwischen Ehemann und Ehefrau haben einen Schutz-charakter und sollen eine Ehefrau, der Becker unterstellt, daß sie diejenige ist, die „Schutz nachfragt", in kritischen Phasen der Ehe absichern. Dabei wird die Nach-frage nach vertraglichem Schutz im Zusammenhang mit dem „biological commit-ment" (Becker 1981, S.21) von Frauen, Kinder zu gebären und zu versorgen, ge-sehen, somit also auf die speziellen Fähigkeiten im Bereich der Haushaltsproduktion, vor allem auf die «Gebärtätigkeit», zurückgeführt.

Diese Argumentation bindet nicht nur das ökonomische Handlungsfeld «Hausarbeit» an die «Geschlechtlichkeit», sondern verändert darüber hinaus das traditionelle neo-klassische Handlungsmodell grundlegend[33]. Mit der differenzierten Analyse des Fa-milienhaushalts, die sowohl zwischen Erwerbs- und Hausarbeit als auch zwischen Männern und Frauen unterscheidet, hat Becker das Menschenbild der mainstream economics entscheidend modifiziert. Der «homo oeconomicus» hat eine *geschlecht-liche* Komponente bekommen; er ist nicht mehr nur mit «maskulinen» Eigenschaften ausgestattet, sondern jetzt auch mit «femininen», ist demzufolge *entweder* ein Mann *oder* eine Frau.

Die Anwendung des Humankapitalansatzes auf den Familienhaushalt erweitert die Ökonomik also um die Kategorie «Geschlechtlichkeit». Damit dehnt Becker den traditionellen ökonomietheoretischen Blick auf das «Geschlechterverhältnis» aus und bestimmt die biologische «Differenz» zwischen einem Mann und einer Frau als das rational-ökonomisch relevante Unterscheidungsmerkmal. Indem er die Be-deutung und den Nutzen einer Ehe von eigenen Kindern abhängig macht, deutet Becker die *«biologische Differenz»* zwischen Mann und Frau in bezug auf die Nutzenbestrebungen des Familienhaushalts als *Komplementarität*. In Verbindung mit der geschlechtsspezifischen Arbeitsteilung wird diese Komplementarität zum

---

33 Damit hat sich auch die von Ökonominnen im Zusammenhang mit der Kritik am Handlungs-modell der ökonomischen Theorie immer wieder gestellte Frage erledigt, ob und inwieweit davon ausgegangen werden kann, daß der «homo oeconomicus» „männlich" ist (Rudolph 1986; Pfaff 1994).

konstituierenden Element der gemeinsamen Nutzenmaximierung. Die Unterscheidung zwischen Mann und Frau erfolgt im Becker'schen Modell demnach ausschließlich aufgrund der *«biologischen Differenz»*. Die Ungleichheit im «Geschlechterverhältnis» ist in der Argumentation Beckers nicht sozial bedingt, sondern begründet sich durch die biologisch unterschiedlich determinierten Präferenzen.

In bezug auf die Frage, wie die Frau zur «Hausfrau» wird, ist Beckers Antwort zwiegespalten: Erstens, weil die biologische «Differenz» die Grundlage für geschlechtlich unterscheidbare Präferenzen schafft, die im Rahmen einer Ehe als komplementär interpretiert werden. Und zweitens, weil daraus geschlechtsspezifisch unterschiedliche Erfahrungen und Investitionen in das Humankapital resultieren (Becker 1981, S.14ff.). Oder, um es mit Beer etwas schärfer zu formulieren: „Beckers Ausführungen legen die Vermutung nahe, im Uterus habe die geschlechtliche Arbeitsteilung ihren Grund." (Beer 1990, S.36).

Durch das Zugrundelegen einer einheitlichen Nutzenfunktion in bezug auf die Optimierungsentscheidung der gesamten Familie wird ignoriert, daß sich eine Familie in der Regel aus mindestens zwei Individuen unterschiedlichen Geschlechts zusammensetzt, die verschiedene Vorstellungen hinsichtlich ihrer Haushaltsentscheidungen haben können.

Vor dem Hintergrund der vielfältigen Kritik an den New Home Economics (Ben-Porath 1982; Hannan 1982; Blau/Ferber 1986; Ott 1992) sind die Konzeptionen jüngerer VertreterInnen dieser Schule differenzierter geworden. Die bestehende Unsicherheit gegenüber dem starren Festhalten an bestimmten Grundannahmen wird in den Argumentationen aktueller Ansätze der Ökonomik der Familie deutlich, denn dort wird die Problematik der Arbeitsteilung und der «Doppelbelastung» von Frauen durch Haus- und Erwerbsarbeit überaus vorsichtig diskutiert. In Abgrenzung gegenüber Becker wird dargelegt, daß die geschlechtsspezifische Arbeitsteilung zwar auf traditionellen Normen und Diskriminierungen beruht, mit Beckers rational-ökonomischer Konzeption aber dennoch gezeigt werden könne,

> „... daß Rollenverteilung auch Folge einer bewußten rationalen Entscheidung beider Partner sein kann. Ebenso macht sie deutlich, daß Änderungen im Rollenverhalten, wie sie etwa seit einiger Zeit beobachtet werden können, nicht nur auf geänderten Wertvorstellungen beruhen müssen. Es ist ebenso die Reaktion auf Veränderung ökonomischer Variablen, die eine Auflösung tradierter Rollenstrukturen bewirkt." (Hartwig 1993, S.48).

Während diese Konzeptionen im Hinblick auf die Erklärung der geschlechtsspezifischen Arbeitsteilung soziale und kulturelle „Wertvorstellungen" anerkennen[34], erhebt Becker den Anspruch, „... einen wertvollen, einheitlichen Bezugsrahmen für das Verständnis *allen* menschlichenVerhaltens ..." (Becker 1993, S.15) zu bieten.

Erfüllen aber die Marktinstrumente tatsächlich „... alle jene Funktionen, die in soziologischen Theorien der 'Struktur' zugeschrieben werden" (Becker 1993, S.4)?

3.2.3 Die biologische «Differenz» konstituiert das «Geschlechterverhältnis» im Familienhaushalt

Die wesentliche Neuerung, die Beckers „Economic Approach" hervorbringt, ist, daß durch die methodische Verknüpfung des Zeitallokationskonzepts mit dem Humankapitalansatz in bezug auf den Familienhaushalt etwas völlig Neues entsteht: die Verbindung der Erklärung der Erwerbsbeteiligung von Frauen mit der Theorie des Arbeitskraftangebots.

Aufbauend auf den Ergebnissen der New Home Economics gehen mittlerweile auch die bundesrepublikanischen Ansätze der Neuen Haushaltsökonomik davon aus, daß

---

34 Allerdings legen Aussagen wie: „Natürlich wäre es für den Mann am schönsten, wenn die Frau beide Aufgaben erledigt" (Hartwig 1993, S.47), die Frage nahe, ob es tatsächlich um die Anerkennung von «Frauenarbeit» geht oder ob nicht klare rational-ökonomische Argumentationen im Vordergrund stehen.

„... zumindest das Arbeitsangebot von Frauen nicht ohne Rekurs auf den Haushaltskontext erklärt werden kann." (Seel 1991, S.241). Infolgedessen wird insbesondere dem

> „... Lohnsatz der Frau, d.h. den Zeitkosten der Haushaltsproduktion, in der annahmegemäß die Frau dominiert, ... eine zentrale Rolle zur Erklärung der Entwicklung von Fertilität und Erwerbsbeteiligung der Frau zugewiesen." (Zimmermann 1986, S.19).

Beckers Erklärungsansatz thematisiert nicht nur den Zusammenhang zwischen der Erwerbsbeteiligung von Frauen und der Haushaltsproduktion, sondern veranschaulicht darüber hinaus die Bedeutung der «Geschlechtlichkeit» für die ökonomische Theorie. Die Differenzierung zwischen den Handlungsfeldern Erwerbs- und Hausarbeit bringt die unterschiedlichen Tätigkeiten von Männern und Frauen ans Licht, die dann mit Bezug auf die «Geschlechtlichkeit» analysiert werden. Das «Geschlechterverhältnis», das sowohl auf dem Erwerbsarbeitsmarkt als auch im Familienhaushalt wirtschaftstheoretisch bedeutsam ist, formt sich, so Becker, auf der Grundlage der Beziehung zwischen Ehefrau und Ehemann im Familienhaushalt heraus. Dabei ist die geschlechtsspezifische Arbeitsteilung der Faktor, den Becker heranzieht, um das «Geschlechterverhältnis» in der Familie zu bestimmen.

Die beiden gemeinschaftlich wirtschaftenden Individuen werden insofern als miteinander konkurrierende Arbeitskräfte behandelt, als die Entscheidung darüber, welches Familienmitglied welchen Tätigkeitsbereich arbeitsteilig übernimmt, von den Verdienstmöglichkeiten auf dem Erwerbsarbeitsmarkt abhängt. Aus der Tatsache, daß Männer in der Regel auf dem Erwerbsarbeitsmarkt mehr verdienen als Frauen, schlußfolgert Becker, daß Frauen in dem Wissen darum, daß ihre Verdienstmöglichkeiten durch eine «Familienpause» noch weiter sinken, sich auf die Suche nach einem «Ernährer» machen. Jedoch dadurch, daß die Frauen diejenigen sind, die Kinder gebären, versorgen etc., sind sie den Männern in der Haushaltsproduktion überlegen. Umgekehrt sind die haushaltsspezifischen Fähigkeiten der Männer infolge ihrer Konzentration auf Erwerbstätigkeit hinter denen der Frauen zurückgeblieben. Dies zeigt sich insbesondere bei der Kinderbetreuung, so daß sie sich auf die Suche nach einem „Kindermädchen" (Amsden 1988, S.145) begeben.

Durch die konzeptionelle Verknüpfung des Zeitallokationskonzepts mit dem Humankapitalansatz bindet Becker die Entscheidung über die geschlechtsspezifische Arbeitsteilung an das erzielbare monetäre Einkommen. Die Bezugnahme auf den Markt soll die Voraussetzung dafür schaffen, daß für den Mann und die Frau dabei die gleichen Bedingungen gelten.

Bei genauerer Betrachtung wird allerdings deutlich, daß Becker bereits mit den Annahmen, daß Frauen familien- bzw. haushaltsspezifische Präferenzen haben und charakteristische Ausprägungen im Humankapital vererbt werden, das voraussetzt, was er eigentlich erklären will: die Wechselwirkung zwischen der Zugehörigkeit zu einem Geschlecht und den jeweils präferierten Aufgaben im Familienhaushalt. Wenn Becker also von vornherein annimmt, daß Frauen aufgrund der biologischen Fähigkeit, Kinder zu gebären, eine Vorliebe für Aufgaben im Familienhaushalt entwickelt bzw. geerbt haben, ist die biologische «Differenz» das zentrale Element, welches das «Geschlechterverhältnis» im Familienhaushalt konstituiert.

3.3 Feministische Kritik an den New Home Economics und aktuelle Versuche der Modifikation

Das Erklärungsmuster des „Economic Approach" vermischt etwas, was nicht zwangsläufig zusammen gehört: biologische Gegebenheiten mit sozialen Sachverhalten. Ein Grund dafür ist, daß Beckers wissenschaftliche Wurzeln in der Arbeitsmarktforschung liegen[35] und der Erwerbsarbeitsmarkt auch weiterhin Bezugspunkt seiner Analyse ist. In der traditionellen mikroökonomischen Arbeitsmarkttheorie spielt es keine Rolle, ob Frauen verheiratet oder ledig sind, ob sie Kinder haben oder keine, sie unterliegen alle gleichermaßen den spezifischen Bedingungen des Erwerbsarbeitsmarkts. Sowohl Mütter als auch Frauen ohne Kinder sind von negativen Effekten, wie ungleiche Entlohnung und eingeschränkte Berufsaussichten, betroffen: Mütter, weil sie wegen der Versorgung ihrer Kinder bereits weniger in ihr erwerbsbezogenes Humankapital investiert haben, und Frauen ohne Kinder, weil angenommen wird, daß sie Mütter werden wollen.

> „In einem fortgeschrittenen Alter, wenn nicht mehr zu 'befürchten' ist, sie könnten noch Kinder bekommen, haben aber Kinderlose wie auch Mütter oft bereits aufgrund verringerter Erwerbschancen in der Vergangenheit eine geringere und schlechtere Humankapitalbildung erfahren als gleichaltrige Männer." (Pfaff 1994, S.198f.).

Auch Becker setzt aufgrund der potentiellen Fähigkeit von Frauen, Kinder zu gebären, Frauen ohne Kinder mit Müttern gleich und leitet daraus die Stellung einer Frau auf dem Erwerbsarbeitsmarkt und im Familienhaushalt ab. Ein Mann und eine Frau weisen, so Becker, in bezug auf die Produktion von Kindern „komplementäre Eigenschaften" auf, und weil gerade diese Komplementarität komparative Vorteile hervorbringt, wird dem Familienhaushalt eine einheitliche Nutzenfunktion zugrunde gelegt. Die Annahme einer einheitlichen Nutzenfunktion impliziert aber, daß ein

---

35 In der 1957 veröffentlichten Dissertation mit dem Titel „The Economics of Discrimination" bezieht sich Becker ausschließlich auf den Arbeitsmarkt, differenziert allerdings anhand von Merkmalen, wie Geschlecht oder Rasse, zwischen verschiedenen Personengruppen (Becker 1971).

prinzipieller Konsens zwischen dem Ehemann und der Ehefrau hinsichtlich ihrer Nutzenmaximierungsbestrebungen besteht[36].

Damit bleiben die Entscheidungen eines Mannes und einer Frau, die sich in den individuellen Nutzenfunktionen ausdrücken, unberücksichtigt, und über mögliche Konflikte wird ein Mantel der Harmonie ausgebreitet. Das Becker'sche Modell des Familienhaushalts ist ein überaus romantisches Modell, das die Familie nicht nur idealisiert (Folbre/Hartmann 1988, S.185), sondern letztlich auch mystifiziert (Amsden 1988, S.159) und damit tradierte Vorstellungen über „die Familie" festschreibt, die eher denen des Bürgertums im Deutschland des 19. Jahrhunderts gleichen (Segalen 1990, S.277ff.) als den veränderten Bedingungen des bevorstehenden 21. Jahrhunderts Rechnung tragen.

Beckers Konzeption spiegelt sowohl sein romantisches Weltbild von einer harmonischen Familie als auch seine Verhaftung in naturhaften Deutungen der Zweigeschlechtlichkeit wider. Dies wird besonders in der Annahme der Komplementarität von Mann und Frau deutlich, denn indem alle Menschen auf ihre „biologische Erstausstattung" reduziert werden, wird zugleich behauptet, daß nur mit der Bezugnahme auf die biologische «Differenz» hinreichend erklärt werden kann, warum es für eine Frau rational-ökonomisch sinnvoll ist, sich auf «Hausarbeit» zu spezialisieren.

Durch diesen Rückgriff auf die biologische «Differenz» dreht sich das rational-ökonomische Begründungsmuster nicht nur folgendermaßen im Kreis:

> „Frauen spezialisieren sich auf Hausarbeit, weil sie geringere Verdienstmöglichkeiten am Arbeitsmarkt haben, und sie haben geringere Verdienstmöglichkeiten, weil sie auf Hausarbeit spezialisiert sind" (Zameck-Glyscinski 1985, S. 360),

---

36 Becker geht davon aus, daß die Familienmitglieder nicht durch Macht oder Konsens verbunden sind, sondern daß das Familienoberhaupt die Präferenzen der anderen Familienmitglieder miteinbezieht. Die Nutzenfunktion der Familie wird also bestimmt durch altruistisches Verhalten des Familienoberhauptes, weil sein Bemühen um eine Wohlfahrtsoptimierung der anderen Familienmitglieder in seine eigene Nutzenfunktion einfließt. Durch das angenommene altruistische Verhalten des Familienoberhauptes können nach Becker die Nutzenfunktionen der Familienmitglieder zu einer einzigen, konsistenten Familiennutzenfunktion zusammengefaßt werden (Becker 1993, S.320ff.).

sondern die kreis(lauf)förmigen Erklärungen werden gleichzeitig zum ökonomie-theoretischen Gefängnis.

> „Wenn der fundamentale Zweck einer Ehe in der Aufzucht eigener Kinder besteht, dann kann die Eheschließung, als erster Schritt der Haushaltsbildung, nicht vom übrigen Teil der Entscheidungen separiert werden." (Zameck-Glyscinski 1985, S.321f.).

Beckers Erklärungsansatz ist insbesondere bei Ökonominnen auf heftige Kritik gestoßen, denn dieses Modell verbannt Frauen in einen undurchbrechbaren „Teufelskreis ökonomischer Rationalität" (Ott 1993, S.115). Dennoch hat die Kritik an den New Home Economics nicht dazu geführt, daß die Feministische Forschung eine überwiegend ablehnende Haltung eingenommen hat. Vielmehr wird heute mit Bezugnahme auf ressourcen- und spieltheoretische Ansätze versucht, die Schwächen des Becker'schen Modells aufzudecken und zu beseitigen. Im Mittelpunkt dieser Diskussionen steht die Kritik an Beckers Erklärungen von haushaltsinternen Entscheidungsprozessen.

Die Beiträge von Julia Heath und David Ciscel sowie von Notburga Ott, auf die ich im folgenden Bezug nehmen werde, reflektieren die wesentlichen Kritikpunkte aktueller US-amerikanischer und bundesrepublikanischer Auseinandersetzungen mit den New Home Economics und erweitern die Debatte um neue Aspekte. Eine Neuerung besteht darin, daß diese Arbeiten versuchen, die von Becker verwendete einheitliche Nutzenfunktion, die letztlich eine Dominanz des altruistisch handelnden „Ernährers" unterstellt, durch eine realistischere Annahme bezüglich des «Geschlechterverhältnisses» im Familienhaushalt zu ersetzen. Gelingt es diesen Ansätzen, ohne die Grundannahmen der neoklassischen Theorie in Frage zu stellen, den Blick auf den Familienhaushalt weiter zu schärfen?

Aufgrund ihrer Auseinandersetzung mit verschiedenen Modellen des Familienhaushalts, die im Rahmen der New Home Economics entwickelt wurden, stellen *Julia Heath und David Ciscel* (1988) die Annahme der konfliktfreien Kooperation hinsichtlich der gemeinsamen Nutzenmaximierung infrage, denn die traditionell „patriarchal" gegliederte Familie wird nicht berücksichtigt.

> „Notably absent from most economic literature is the traditional patriarchal family where the division of labor and the distribution of goods and services are structured to benefit the male head." (Heath/Ciscel 1988, S.781f.).

Damit wenden sich Heath/Ciscel gegen die von Becker unterstellte Dominanz des männlichen „Ernährers" und gegen Beckers Behauptung, daß das altruistische Handeln des „Familienoberhaupts" eine konsistente Nutzenfunktion des Familienhaushalts rechtfertige. Letztlich sind, so Heath/Ciscel, nur individuelle Nutzenfunktionen in der Lage, die Unterschiede in den Geschlechtsrollen und in der Sozialisation widerzuspiegeln, so daß die beiden WissenschaftlerInnen für die Berücksichtigung der innerfamiliären Machtverhältnisse plädieren. Erst die Annahme, daß die Familie „patriarchal" geordnet ist, eröffne überhaupt die Möglichkeit, diese Unterschiede konzeptionell zu erfassen.

> „To better study the allocation of household goods among family members, it is necessary to make some a priori assumptions about the relationships between household members' roles. These relationships, in turn, reflect the family's power structure." (Heath/Ciscel 1988, S.783).

Infolge ihrer kritischen Auseinandersetzung mit den New Home Economics kommen Heath/Ciscel zu dem Ergebnis, daß das Zeitallokationsverfahren, das der Bewertung der «Hausarbeit» zugrunde liegt, revidiert werden muß. Denn „... it is apparent that women's participation in the labor force, although a necessary condition, is not sufficient to guarantee equality." (Heath/Ciscel 1988, S.791).

Im Hinblick auf ökonomietheoretische Veränderungen verweisen Heath/Ciscel auf die Notwendigkeit, die individualistische Ebene des traditionellen Ansatzes zu verlassen und sie um ein strukturelles Element zu erweitern. Dieses strukturelle

Element ist das Patriarchat, das sowohl die Ökonomie als auch die Familie zugunsten des männlichen „Familienoberhauptes" strukturiert (Heath/Ciscel 1988, S.781f.). Solange die New Home Economics das „patriarchale" Familienmodell vernachlässigen, können, so Heath/Ciscel, bestimmte Phänomene wie die Lohndiskriminierung von Frauen oder der geschlechtsspezifisch strukturierte Arbeitsmarkt nicht erklärt werden.

Notburga Otts Kritik an den New Home Economics ist breiter gefächert und bezieht sich auf die status-quo orientierte Methode der Neoklassik, auf die einheitliche Familiennutzenfunktion und auf die Annahme der komparativen Produktionsvorteile, die durch die geschlechtsspezifische Arbeitsteilung in der Ehe hervorgebracht werden (Ott 1991; 1992; 1993).

Ott bestimmt die Familie als einen Ort, der durch den Ehevertrag institutionalisiert und damit sozial und ökonomisch strukturiert ist. Der Ehevertrag gewährleistet, daß langfristig bindende Vereinbarungen von den Familienmitgliedern eingehalten werden (Ott 1991, S.386). Die Zielsetzung des Familienhaushalts, eine gemeinsame Nutzenmaximierung zu erreichen, kann jedoch aufgrund individueller Präferenzen auseinanderfallen, so daß sich das Ehepaar über ihre gemeinsamen Vorstellungen verständigen muß. Aus diesem Grund charakterisiert Ott die ehelichen Beziehungen als verhandlungsorientierte Handlungen zwischen zwei Individuen (Ott 1991, S.386f.). Aufbauend auf der Annahme, daß soziale und ökonomische «Gleichheit» zwischen den Geschlechtern dennoch möglich ist, formuliert Ott die These, „... daß die Verhandlungsstärke von den individuellen Ressourcen abhängt." (Ott 1991, S.389). In der arbeitsteilig geführten Ehe wird diese potentielle «Gleichheit» aber aufgrund der unterschiedlichen Entwicklung der individuellen Ressourcen verhindert. Durch die geschlechtlich unterschiedliche Verwendung der individuellen Ressourcen, d.h. der Allokation von Zeit für Haus- oder Erwerbsarbeit, kommt es zu unterschiedlichen Ausprägungen im Humanvermögen. Die Person, die arbeitsteilig die «Hausarbeit» übernommen hat, investiert während dieser Zeit gar nicht oder nur unzureichend in das Erwerbshumanvermögen, verschlechtert damit also langfristig ihre Verhandlungsposition, denn der Maßstab der Bewertung der Verhandlungsstärke ist das monetäre Einkommen. Aus diesem Grund kommt Ott zum folgenden Ergebnis:

> „Die komparativen Vorteile familialer Lebensformen im Bereich der materiellen Versorgung haben abgenommen. ... Eine Spezialisierung auf Hausarbeit, die mit einer langfristigen Veränderung der innerfamiliären Verhandlungsstärke verbunden ist, stellt nur noch zeitlich begrenzt eine effektive Produktionsweise des Haushalts dar, was die Anreize zum Verletzen innerfamiliärer Vereinbarungen erhöht." (Ott 1991, S.401).

Um diese Ungleichheit in der Verhandlungsmacht zu überwinden, muß, so Ott, zum einen für das Individuum die Möglichkeit der individuellen Vertragsgestaltung bestehen, wobei die Durchsetzbarkeit von individuellen Zielsetzungen von den Verfügungsrechten über ökonomische Ressourcen abhängig ist und daher die Erwerbstätigkeit beider Ehepartner voraussetzt. Zum anderen ist es im Rahmen der Familienpolitik möglich, die „... asymmetrischen Veränderungen der individuellen Wohlfahrtslagen zu vermeiden beziehungsweise zu kompensieren." (Ott 1991, S.401). Derartige familien- bzw. sozialpolitische Verbesserungen wären z.B. die gesetzliche Verankerung eines individuellen Anspruchs auf die Hälfte des gemeinsamen Einkommens, die Zahlung von Lohn für Hausarbeit oder rechtliche Sanktionen bei Vertragsverletzung. Mit der Prämisse, daß der Familienhaushalt ein Zusammenschluß ist, der qua Ehevertrag institutionalisiert wird, greift Ott die Position der Neuen Institutionenökonomik auf, die darin besteht, den Familienhaushalt als eine „... effiziente Institution zur Reduzierung von Transaktionskosten und zum Schutz von familialen Investitionen, insbesondere im affektiven Bereich ..." (Ribhegge 1993, S.72) zu sehen.

Wenngleich sowohl die New Home Economics als auch aktuelle Versuche der Modifikation einen weiten «Arbeitsbegriff», der im Konzept der Haushaltsproduktionsfunktion zum Ausdruck kommt, zugrunde legen, so kann doch festgehalten werden, daß die Ungleichheit im «Geschlechterverhältnis» zwar thematisiert wird, aber letztlich auch diese kritischen Weiterentwicklungen die Ökonomik nicht revidieren können: Weder Heath/Ciscel noch Ott stellen die Grundannahme Beckers, daß Benachteiligungen gegenüber Frauen ausschließlich durch biologische Faktoren erklärt werden können, in Frage. Sie versuchen vielmehr, mit dem traditionellen neoklassischen Handwerkszeug neue realitätsnähere Modellierungen zu entwickeln.

Der komparative Vorteil liefert den New Home Economics sowohl das Ergebnis als auch die Begründung der existierenden geschlechtsspezifischen Arbeitsteilung im Haushalt. Aber auch die aktuellen ressourcen- und spieltheoretischen Weiterentwicklungen untersuchen alle ökonomischen Handlungen der Familienmitglieder mit dem traditionellen rational-ökonomischen Handlungsmodell und unter Beibehaltung des methodologischen Individualismus, so daß die geschlechtliche Arbeitsteilung als paarbezogene Machtfrage behandelt wird, dessen Grad anhand des Erwerbseinkommens meßbar ist (Heath/Ciscel 1988; Ott 1991).

3.4 Die «Natur» des «Geschlechterverhältnisses» als wirtschaftstheoretische Sackgasse

Eine der wesentlichen Neuerungen, die Beckers Erklärungsansatz hervorbringt, ist, daß mit der Bestimmung des Familienhaushalts als Einheit von Produktion und Konsumtion der «Arbeitsbegriff» auf die «Hausarbeit» ausgeweitet und die herkömmliche wirtschaftstheoretische Trennung zwischen «unproduktiver» und «produktiver» Arbeit aufgelöst wird. Der „Economic Approach" schafft unter Berücksichtigung von zwei ökonomischen Handlungsfeldern die Voraussetzung, daß alle Verhältnisse innerhalb des Familienhaushalts als Austauschverhältnisse, als marktvermittelte Transaktionen, charakterisiert werden können.

Becker, der unterschiedliches ökonomisches Handeln von Männern und Frauen auf Unterschiede im Humankapital zurückführt, entdeckt die Bedeutung der «Differenz» zwischen den ökonomischen Handlungsfeldern Erwerbsarbeit und Hausarbeit sowie die zwischen Mann und Frau und erhebt so das «Geschlechterverhältnis» zum Forschungsgegenstand.

Die Spezialisierung eines Ehemannes auf Erwerbsarbeit und die seiner Ehefrau auf «Hausarbeit» ist, wie Becker zeigt, das rational-ökonomische Ergebnis der gemeinschaftlichen Wahlhandlung, denn die aus der Teilung der Arbeit erwachsenden komparativen Vorteile tragen dazu bei, den Nutzen des Familienhaushalts zu maximieren. Darüber hinaus schafft die traditionelle geschlechtsspezifische Arbeitsteilung eine ideale Bedingung, um die angenommene Zielsetzung, eigene Kinder zu haben, zu verwirklichen.

Der lange verdeckte „kleine Unterschied" taucht jetzt in der Konzeption des Humankapitals auf und wird zum zentralen Ansatzpunkt hinsichtlich der Erklärung der geschlechtsspezifischen Arbeitsteilung im Familienhaushalt.

Die methodische Verknüpfung des Zeitallokationskonzepts mit dem Humankapitalansatz hat zur Folge, daß Becker das «Geschlechterverhältnis» lediglich in diesem Kontext bestimmen kann, und zwar aus der konzeptionellen Verbindung von ökonomischen Rollen mit der «Geschlechtlichkeit». Wenn aber das «Geschlechterverhältnis» als Beziehung eines Erwerbsarbeiters *und* Vaters zu einer Hausfrau *und* Mutter definiert wird, ist sowohl die Wahlfreiheit der Frauen als auch die der Männer eingeschränkt. Denn durch die grundlegende Bedeutung, die Becker der biologischen «Differenz» beimißt, ist nicht nur die Entscheidung über die Arbeitsteilung im Familienhaushalt bereits vorgegeben, sondern auch die wirtschaftliche und soziale Stellung der Menschen ist von vornherein vorbestimmt. Mit der Annahme, daß Frauen insbesondere aufgrund ihrer Gebärfähigkeit familienspezifische Präferenzen haben und sich infolgedessen auf «Hausarbeit» spezialisieren, setzt Becker eine biologische Möglichkeit mit einem sozialem Sachverhalt gleich. Insofern ist es nicht verwunderlich, daß dieses Erklärungsmodell Veränderungen im Zusammenleben der Menschen und die damit verbundene Auflösung der traditionellen geschlechtsspezifischen Arbeitsteilung, die die Arbeiten im Familienhaushalt gleichberechtigt zwischen Mann und Frau verteilt, nicht erfassen kann. So ist und bleibt eine zentrale Prämisse des Becker'schen Erklärungsansatzes letztlich eine Hypothese, die aus naturhaften Deutungen des «Geschlechterverhältnisses» abgeleitet wird. In bezug auf die Begründung der geschlechtsspezifischen Arbeitsteilung weist Beckers Argumentation also eine entscheidende Schwachstelle auf: Durch die Vermischung von biologischen mit sozialen Sachverhalten wird etwas verwischt, was für eine Theorie, die den Anspruch erhebt, erläuternd und wertfrei zu argumentieren, völlig ungeeignet ist: die normative Deutung des «Geschlechterverhältnisses».

Beckers „feministischer" Versuch, die Handlungsfelder Erwerbsarbeit und «Hausarbeit» mit Hilfe des „Economic Approach" gleichzustellen, war zwar gut gemeint, ist aber nur halbherzig gewesen. Mit der konzeptionellen Gleichsetzung der ökonomischen Handlungsfelder und der Zuordnung der Menschen aufgrund der «Geschlechtlichkeit» hat der Schicksalsdeuter Becker die latenten androzentrischen und sexistischen Positionen ökonomischer Theoriebildung nunmehr offengelegt und zum sichtbaren Bestandteil der Wirtschaftstheorie gemacht.

Aufgrund des engen Rationalitätsverständnisses, das der traditionellen Ökonomik zugrunde liegt, mit dem moderne Varianten neue Forschungsgegenstände kolonialisieren, fehlt den mainstream economics jeglicher Bezug zu den geschichtlichen und kulturellen Grundlagen sozialer Sachverhalte. Zwar untersucht die Ökonomik im Rahmen der New Home Economics mittlerweile den Familienhaushalt und auch die Tätigkeiten einer «Hausfrau», aber diese durch einen Ehevertrag entstandene Institution und ihre ökonomischen Funktionen werden durch ein generalisierendes geschlechtsunabhängiges Rationalitätsverständnis systemisch gedeutet und zwängen

99

Frauen in eine scheinbar ausweglose Situation. Solange Becker die biologische «Differenz» heranzieht, um soziale Sachverhalte, wie die geschlechtsspezifische Arbeitsteilung, zu erklären, kann er das «Geschlechterverhältnis» lediglich in einem begrenzten Rahmen behandeln. Daß ein neuer ökonomischer Arbeitsbereich, der Familienhaushalt, im Prozeß der Trennung zwischen bezahlter und unbezahlter Arbeit aus der Doppelung der ökonomischen Rollen «Arbeitskraft» und «Konsumentin» entsteht, wird in dieser Komplexität nicht erfaßt.

Wenngleich Becker mit seinem „Economic Approach" die traditionelle Ökonomik verändert hat, so trägt er doch dadurch, daß alle Handlungen ökonomisiert und damit alle Lebensbereiche der Menschen kolonialisiert werden, dazu bei, die ökonomische Theorie in eine Sackgasse zu steuern. Die Auseinandersetzung zeigt, daß Beckers Versuch, die Ökonomik ausschließlich durch die Methode zu bestimmen, nicht mit einer beliebigen Ausweitung des Anwendungsbereichs zu vereinbaren ist, weil auf diese Weise normative Wertvorstellungen, z.B. über die rational-ökonomische Rolle einer Ehefrau, theoretisch festgeschrieben werden. Eine ökonomische Theorie, die in ihren Gegenstandsbereich auch das vielfältige und veränderliche «Geschlechterverhältnis» einschließt, darf nicht darauf beschränkt bleiben, nur sichtbare Phänomene zu erläutern, sondern muß zugleich nach den verborgenen Normen, Regeln und Strukturen suchen und dabei historische, soziale und kulturelle Zusammenhänge berücksichtigen.

Seit den achtziger Jahren werden nun in den USA und in der Bundesrepublik Deutschland Konzeptionen diskutiert, die die Ökonomik um historische, soziale und kulturelle Aspekte erweitern. Diese Ansätze, die sich in Abgrenzung gegenüber der Neoklassik selbst als sozio- bzw. sozialökonomische Konzepte bezeichnen[37], lehnen

---

37 Zur Begrifflichkeit: Während *sozio-ökonomische* Ansätze den US-amerikanischen Diskurs reflektieren (Etzioni 1988; Etzioni/Lawrence 1991), beziehen sich *sozialökonomische* Konzepte auf die im europäischen Raum geführten Debatten (Bürgenmeier 1992; Ulrich 1990; 1993; Biesecker/Grenzdörffer 1994).

das Eindringen des ökonomischen Rationalitätsprinzips in andere Wissenschaftsdisziplinen grundsätzlich ab (Habermas 1988a; 1988b; Biervert/Held/Wieland 1990;
Biervert/Held 1991; Ulrich 1990; 1993) und versuchen, ein neues wirtschaftstheo-
retisches Paradigma zu entwickeln (Etzioni 1988; Bürgenmeier 1992). Dabei wird
die Ökonomie als Subsystem der Gesellschaft angesehen, die Menschen werden als
in sozialen Gruppen lebend, in Gesellschaft eingebettet verstanden und ihre Handlungen aus diesen Zusammenhängen heraus und mit Bezug auf sie erklärt (Etzioni
1988; Bürgenmeier 1992; Granovetter/Swedberg 1992; Ulrich 1993).

Vor dem Hintergrund der krisenhaften Entwicklungen moderner Industriegesellschaften, geht es, so Peter Ulrich (1990: 1993), heute nicht nur um die Kritik mo-
delltheoretischer Ansätze, sondern vorrangig um die Entfaltung von Konzeptionen,
die mit neuen Sichtweisen grundlegende wirtschaftliche Veränderungen einleiten
können. Eine wesentliche Grundlage dafür, daß solche Veränderungen begonnen
werden können, bildet diesen Debatten zufolge die Annahme, daß Handlungen nicht
nur auf den individuellen Erfolg, sondern ebenso auf die Verständigung aller Betei-
ligten ausgerichtet sind. Dabei bildet die Sprache das Werkzeug und die Voraussetzung dafür, daß eine Verständigung möglich wird und ein konstruktiver Diskurs
geführt werden kann.

Sowohl (1.) die *Socio-Economics* (Etzioni 1988; Granovetter/Swedberg 1992; Granovetter 1991) als auch (2.) die *Praktische Sozialökonomie* (Ulrich 1993) sind mit
der Zielsetzung angetreten, eine ökonomische Theorie entsprechend der *individuellen und gesellschaftlichen* Realität zu entwickeln. Mit einer interdisziplinären
Herangehensweise wird versucht, der Vielfältigkeit und Prozeßhaftigkeit menschlichen Handelns gerecht zu werden und ein Rationalitätsverständnis zu begründen,
das Handlungen nicht nur individualistisch herleitet, sondern die Menschen als aus
sozialen Gruppen kommend, damit durch diese geprägt und aus diesem Kontext
heraus handelnd versteht.

Sozio- und sozialökonomische Diskurse versuchen, bezugnehmend auf Smith, Kant, Marx oder Habermas, die Wirtschaftstheorie wieder ethisch zu fundieren und konkrete Ansatzpunkte zu entwickeln, um die traditionelle wirtschaftstheoretische Einengung auf die Wahlhandlungsrationalität zu revidieren. Die Voraussetzung dafür, daß das «Geschlechterverhältnis» nicht nur als eine naturhafte Beziehung, sondern als ein soziales und veränderbares Verhältnis eingefangen werden kann, ist die Veränderung des engen Rationalitätsverständnisses der traditionellen Ökonomik. Die Auseinandersetzung zeigt, daß diese Veränderung an zwei Bedingungen geknüpft ist: *Erstens* ist ein konzeptioneller Bruch mit naturhaften Deutungen der Zweigeschlechtlichkeit notwendig und *zweitens* ist das «Geschlechterverhältnis» als ein soziales Verhältnis zu charakterisieren, das von den Menschen selbst hervorgebracht wird und daher auch nur von ihnen verändert werden kann.

Welche neuen Wege zur Modifikation der Ökonomik zeigen die sozio- und sozialökonomischen Erklärungsmuster auf? Schaffen sie Voraussetzungen dafür, daß durch den gemeinsamen Diskurs wissenschaftlich maßgebliche Kriterien und Begriffe so verbessert werden können, daß das «Geschlechterverhältnis» entsprechend den vorbezeichneten Anforderungen zum Gegenstand ökonomischer Forschung wird?

4. Erweiterung des ökonomischen Rationalitätsverständnisses um kulturelle und ethische Aspekte: Sozio- und sozialökonomische Diskurse

> „Die Herauslösung der ökonomischen Rationalitätsmassstäbe [sic!][38] aus den praktischen Kriterien des guten Lebens der Menschen war von Anfang an der Preis für die erfolgreiche Theoretisierung der Ökonomie."
>
> Peter Ulrich 1993, S.11

Der „Economic Approach" ist nicht nur ein Beispiel für eine erfolgreiche Theoretisierung wirtschaftlicher Zusammenhänge, sondern ist die neuzeitliche Antwort auf die immer wieder gestellte Frage, was den Gegenstandsbereich der Ökonomik charakterisiert und welche Rationalitätsformen damit verbunden sind. Mit der Ausarbeitung des rational-ökonomischen Ansatzes und der Ausweitung des Anwendungsbereichs hat Becker den methodologischen Streit, der die ökonomische Theorie seit ihrer Herausbildung begleitet, faktisch gelöst: Die Ökonomik wird nicht mehr über den Gegenstandsbereich definiert, sondern über den Ansatz bzw. die Betrachtungsweise (Biervert/Wieland 1990, S.17). Somit ist die Zweckrationalität für die Ökonomie sowie deren Theorie bestimmend und beansprucht Gültigkeit für alle Bereiche menschlichen Handelns.

Mit der Ausweitung des Anwendungsbereichs ökonomischer Theorie auf die innerfamilialen Beziehungen des Familienhaushalts untersucht Becker zwar eine soziale Handlungssituation[39], die zentralen Kriterien für alle Entscheidungen und

---

38 Daß Peter Ulrich anstelle von „ß" immer „ss" verwendet, ist keine Vorwegnahme der angestrebten Orthographie-Reform, sondern darauf zurückzuführen, daß er in St. Gallen tätig ist und es im schweizerdeutschen Sprachraum kein „ß" gibt.

39 Bei der Klassifikation der Handlungstypen beziehe ich mich auf die von Habermas im Anschluß an Weber entwickelte Unterscheidung zwischen erfolgs- und verständigungsorientierten Handlungen (Habermas 1988a, S.384).

Handlungen sind aber relative Preise und Einkommen, so daß dem rational-ökonomischen Ansatz ein strategischer Handlungstyp[40] zugrunde liegt. Strategische Handlungen sind zweckrationale Handlungen, die in bezug auf knappe Mittel definiert werden. Wenn Knappheit verstanden wird als die zur Verfügung stehenden Mittel im Hinblick auf alternative Zwecke, wird das Rationalitätsaxiom strategischer Handlungen überwiegend nicht an inhaltlich genau festgelegte Ziele gebunden, sondern an die Zweck-Mittel-Rationalität. Der „Economic Approach" begrenzt die ökonomietheoretischen Handlungsspielräume im Rahmen des Familienhaushalts, versteht die innerfamilialen Beziehungen als Austauschverhältnisse, als marktvermittelte Transaktionen, und reduziert die Familie damit auf Ökonomie (Biesecker/Wolf 1995, S. 130). Beckers erfolggekrönte Verwissenschaftlichung sozialer Sachverhalte geht zu Lasten diskursiver und kommunikativer Aspekte, denn alle auf Verständigung ausgerichteten Handlungsorientierungen der Familienmitglieder kann der „Economic Approach" theoretisch nicht erfassen.

Gegen die Einengung der sozialen Dimension der Mensch-Mensch-Beziehungen auf rational-ökonomische Austauschverhältnisse wenden sich sozio- und sozialökonomische Erklärungsansätze und fragen, ob und inwieweit das traditionelle Rationalitätsverständnis die Kolonialisierung der Lebenswelt durch das ökonomische System vorantreibt, damit zu Pathologien der Moderne (Habermas 1988b, S. 215) führt zugleich die krisenhaften Entwicklungen moderner Industriegesellschaften (Ulrich

---

40 Der strategische Handlungstyp, der im Rahmen der Oligopoltheorie interdependente Entscheidungssituationen lösen sollte, wurde von John v. Neumann und Oskar Morgenstern (1944) entwickelt. Dieser als Spieltheorie bezeichnete Ansatz untersucht Situationen, die in wechselseitiger Abhängigkeit zueinander stehen, und bestimmt sie als strategische. Die wesentliche Neuerung der Spieltheorie ist, daß voneinander abhängende Entscheidungssituationen mit der neoklassischen Rationalitätsannahme gelöst werden. Damit die Auswirkungen eigener Handlungen auf das Handeln anderer ökonomietheoretisch berücksichtigt werden können, wird die Hypothese, daß das Individuum konstant rational-ökonomisch handelt, durch die Annahme ersetzt, daß bewußt handelnde Konkurrenten das Verhalten der anderen bei ihrer Entscheidung einkalkulieren (Feess-Dörr 1991, S. 301).

1993) mitträgt und welche Anforderungen sich dadurch heute an eine moderne Ökonomik stellen (Etzioni 1988, 1993).

Diese Debatten sind durch eine häufige Bezugnahme auf die moralphilosophischen Grundlagen der Wirtschaftstheorie, insbesondere auf Adam Smith, gekennzeichnet (Hirschman 1987; 1993; Biervert/Held 1987; 1989; Wieland 1993). Ein Ergebnis dieser Auseinandersetzung ist, so Siegfried Katterle, daß Smith die Handlungen der Menschen, da sie von egoistischen Motiven geleitet sind und individuell erfolgen, zwar subjektiv bestimmt, er dennoch davon ausgeht, daß diese Handlungen den ethischen Prinzipien Empathie[41] und Gerechtigkeit unterliegen. Mit dieser Konzeption ist bei Smith das Handeln der Menschen in einem Spannungsverhältnis zwischen egoistischen und sozialen Motiven verortet, die Handlungen sind also auch an die Gesellschaft gekoppelt. Aufgrund der dualen Motivation individueller Handlungen schlußfolgert Katterle, daß dem Smith'schen Handlungsmodell zwei Rationalitätsformen zugrunde liegen: die *ethische Rationalität und die Wahlhandlungsrationalität* (Katterle 1991, S.135).

Demgegenüber ist die Entwicklung utilitaristisch fundierter Ansätze durch die vollständige theoretische Ablösung sowohl von ethischen Kriterien als auch von den „... authentischen lebensweltlichen Bedürfnissen der Menschen" (Ulrich 1993, S.11) gekennzeichnet. Denn von David Ricardo, den Günter Hartfiel als den eigentlichen Begründer der theoretischen Volkswirtschaftslehre sieht, wird „... ein methodologisch völlig neu orientiertes geschlossenes Aussagensystem vorgelegt, das für das zukünftige Menschenbild der Nationalökonomie von größter Bedeutung werden sollte." (Hartfiel 1968, S.83). Dieses Menschenbild ist zum bildhaften Ausdruck für das grundlegende Prinzip ökonomischer Theorie (Tietzel 1981, S.119) geworden, dem innerhalb des neoklassischen Theoriegebäudes eine methodologische Funktion zugeschrieben wird.

---

41 Das Smith'sche Konzept der «sympathy», das die Bedingungen für Übereinstimmung, Gegenseitigkeit und Achtung vor die Interessen anderer setzt, versucht Katterle mit dem Begriff der «Empathie» zu erfassen (Katterle 1991, S.135).

Wenngleich die „… Biographie des homo oeconomicus … die eines Erfolgsmenschen …" (Tietzel 1981, S.115) ist, so ist für Ulrich „Homo Oeconomicus … der symbolische Ausdruck für die Abkoppelung der ökonomischen Theorie von der Lebenswelt, also für die Entstehung der *autonomen Ökonomik.*" (Ulrich 1993, S.196).

Im Menschenbild wird das normative Fundament ökonomischer Rationalitätsprämissen (Ulrich 1993, S.195) besonders deutlich, so daß die sozio- und sozialökonomische Kritik hier ansetzt. Im Rahmen der Socio-Economics wird versucht, das traditionelle Handlungsmodell (Etzioni 1988) und den Blick auf ökonomische Institutionen (Granovetter 1991) zu verändern. Der von Ulrich konzipierte Entwurf einer Praktischen Sozialökonomie, der Mitte der achtziger Jahre bezugnehmend auf die Habermas'sche „Theorie des kommunikativen Handelns" (Habermas 1988a; 1988b) entstanden ist, geht einen Schritt weiter. Ulrich versucht, die neuere praktische Philosophie mit der politischen Ökonomie zu verbinden (Ulrich 1993, S.5), um auf diese Weise einen Prozeß der „Transformation der ökonomischen Vernunft" (Ulrich 1993) einzuleiten.

Wenn sozio- und sozialökonomische Ansätze das eindimensionale Rationalitätsverständnis der Ökonomik durch eine ethische Fundierung der ökonomischen Rationalitätsmaßstäbe erweitern, müssen sie nicht nur zwischen Handlungsräumen[42], sondern auch hinsichtlich der dort handelnden Menschen unterscheiden. Eine Bezugnahme auf kulturelle und ethische Aspekte bedeutet zugleich, daß soziale Zusammenhänge und historische Veränderungen berücksichtigt werden. Messen sozio- und sozialökonomische Konzeptionen der «Geschlechterdifferenz» eine Bedeutung bei? Wird das «Geschlechterverhältnis» als ein soziales Verhältnis gesehen, werden Möglichkeiten zur theoretischen Integration aufgezeigt?

---

42 Da die Menschen soziale Individuen sind, vollziehen sich ihre Handlungen in sozialen Zusammenhängen, finden also in verschiedenen Handlungsräumen der Gesellschaft statt. Soziales Handeln ist komplex und mehrdimensional, so daß die „Ökonomie als Raum sozialen Handelns" (Biesecker 1994a, S.9f.) bestimmt werden kann.

4.1 Ein neues Handlungsmodell: Das „I&We"-Paradigma

Zu den wichtigsten Zielsetzungen der sozioökonomischen Bewegung gehört die Entwicklung eines neuen ökonomischen Paradigmas (Etzioni 1988; Bürgenmeier 1992). Dieses neue Paradigma soll im Unterschied zu dem der traditionellen Neoklassik auf kulturelle und moralische Aspekte der Gesellschaft Bezug nehmen (Etzioni 1988; Granovetter/Swedberg 1992) und die Ökonomik „... im Sinne einer deontischen Ethik ..." (Etzioni 1993, S.109) revidieren.

Einer derjenigen, der ein Paradigma entfaltet, das die neoklassische Sichtweise der Beziehung zwischen Individuum und Gesellschaft durch die Berücksichtigung sozialer und moralischer Einflüsse erweitert, ist Amitai Etzioni. In kritischer Auseinandersetzung mit dem ethisch-philosophischen Fundament der Ökonomik, dem hedonistischen Utilitarismus, zeigt Etzioni auf, daß der von Bentham entwickelte und von der neoklassischen Ökonomik verwendete Nutzenbegriff zu kurz greift. Zwar sind «Lust» oder «Eigennutz» ökonomische Kategorien, die dazu beitragen, Entscheidungen und Handlungen zu erklären, aber dennoch kann, so Etzioni, mit der alleinigen Bezugnahme auf das eigennützig handelnde Individuum nur eine Dimension menschlicher Handlungen, nämlich die egoistische, erfaßt werden. Aus diesem Grund wird die traditionelle Annahme,

> „... that people rationally seek the most efficient means for their goals ... replaced with a new-decision making model that assumes that people typically choose means largely on the basis of emotions and value judgements, and only secondarily on the basis of logical-empirical considerations. ... In short, *people typically do not render rational decisions.*" (Etzioni 1988, Preface xi).

Auf der Suche nach einem Handlungsmodell, das neben dem «Eigennutz» gleichermaßen soziale und moralische Aspekte berücksichtigt, entdeckt Etzioni die Hauptalternative zum Utilitarismus in der Bezugnahme auf Kants „... deontology, an ethic that sees human beings as subject to 'binding duties' ..."(Etzioni 1990, S.221).

Um diese verbindlichen Verpflichtungen, in die die Menschen eingebunden sind, ökonomietheoretisch fundieren zu können, greift Etzioni auf Albert O. Hirschmans begriffliche Differenzierung zwischen Meta-Präferenzen und Präferenzen zurück. Hirschman verwendet die Begriffe Präferenzen und Meta-Präferenzen, weil „... auf die Existenz von Meta-Präferenzen nur durch Präferenzwandel, also durch Veränderungen im wirklichen Wahlverhalten ..." (Hirschman 1993, S.228) geschlossen werden kann. Obwohl mit dem Konzept der Meta-Präferenz nicht geklärt werden kann, *wie* sich das Wahlverhalten ändert, so ermöglicht dieser Begriff jedoch, zwischen zwei Arten von Präferenzwandel, zwischen dem „reflektierten" und dem „launischen" Präferenzwandel zu unterscheiden (Hirschman 1993, S.229). Veränderungen in den Präferenzen sind dann „reflektierte", wenn „... die Ausbildung einer Meta-Präferenz vorausgeht, die mit der bisher praktizierten Präferenz in Konflikt steht." (Hirschman 1993, S.229). Solange aber ein Präferenzwandel lediglich auf Geschmacksveränderungen beruht, bezeichnet Hirschman ihn als „launischen". Zwar sind beide Formen des Präferenzwandels auf veränderte Bewertungen zurückzuführen, da sich die ökonomische Theorie aber nur auf die letztere bezieht, „... vernachlässigt diese Sichtweise die Möglichkeit, daß Menschen sehr wohl dazu fähig sind, ihre Wertorientierungen zu ändern." (Hirschman 1993, S.230).

Etzioni, der bezugnehmend auf Hirschman wie dieser zwischen zwei Nutzen, zwischen dem traditionellen Eigennutz und dem, der durch moralische Wertvorstellungen der Gesellschaft entsteht, unterscheidet, argumentiert,

> „... daß der Mensch im Unterschied zum Tier von zwei Präferenzschichten bestimmt ist, deren eine (die Meta-Präferenz) zur Bewertung der anderen (der gewöhnlichen Präferenz) dient ..." (Etzioni 1993, S.117).

Da jeder dieser beiden Nutzen anhaftende und unterschiedliche Bedürfnisse enthält, können ebenso zwei grundlegend verschiedene Ursprünge des Werts angenommen werden (Etzioni 1990, S.225). Diese „Bi-Utility Conception" (Etzioni 1990, S.223ff.) ist der Ausgangspunkt für ein Handlungsmodell, das neben dem eigennutzorientierten Individuum auch soziale Gruppen bzw. die Gesellschaft berücksichtigt. Damit die moralischen Werte, die den Ursprung der Meta-Präferenzen bilden, handlungstheoretisch gefaßt werden können, bindet Etzioni den Begriff der Moral an vier Kriterien:

> „Erstens haben Menschen, die aufgrund moralischer Meta-Präferenzen handeln, das Gefühl, so handeln zu 'müssen'. Sie erleben ihre moralischen Handlungen als *Imperative*, als etwas, das man tun müsse, weil man dazu verpflichtet sei. ... Zweitens nämlich können moralisch Handelnde ihr Verhalten *verallgemeinern* – sie können eine Handlung vor sich und anderen durch Verweis auf allgemeine Regeln rechtfertigen. ... Drittens müssen moralische Grundsätze insofern *symmetrisch* sein, als man bereit sein muß, anderen vergleichbaren Menschen unter vergleichbaren Umständen gleichen Status oder gleiche Rechte zuzuerkennen. ... Schließlich drücken moralische Präferenzen eine *Verpflichtung* aus im Gegensatz zum Verbrauch von Gütern und Dienstleistungen." (Etzioni 1993, S.112f.).

Diese moralischen Elemente bilden eine Quelle des Handelns und Bewertens, die sich von der Eigennutzorientierung unterscheidet bzw. ihr gegensätzlich ist (Etzioni 1993, S.109). Deshalb wird im Handlungsmodell die Möglichkeit von Konflikten berücksichtigt, wobei Etzioni auf der Präferenzebene erstens die Konflikte zwischen den Präferenzen, zweitens die zwischen den Meta-Präferenzen und drittens die zwischen Meta-Präferenzen und Präferenzen bestimmt (Etzioni 1993, S.112ff.).

Mit der Bezugnahme auf die Meta-Präferenzen wird sowohl die herkömmliche Bestimmung des Nutzens um moralische Einflüsse erweitert als auch die analytische Trennung zwischen Individuum und Gesellschaft aufgehoben. Damit ist eine Grundlage geschaffen, auf der das eindimensionale Handlungsmodell der Neoklassik revidiert werden kann. Das neue Handlungsmodell, das Etzioni als „I&We"-Paradigma bezeichnet,

> „... highlights the assumption that individuals act within a social context, that this context is not reducible to individual acts, and, most significantly, that the social context is not necessarily or wholly imposed. Instead, the social context is, to a significant extent, perceived as a legitimate and integral part of one's existence, a We, a whole of which the individuals are constituent elements." (Etzioni 1988, S.5).

Individuen sind demzufolge immer in soziale Zusammenhänge eingebunden, – „The I's need a We to be" (Etzioni 1988, S.9) –, und erst in diesem Zusammenhang kann überhaupt Identität und Freiheit entstehen. Die gemeinsamen Wertvorstellungen, die die Menschen in sozialen Gruppen, Schichten oder Kulturen verbinden, entspringen nur in diesem Kontext, denn diese Werte werden in der Gruppe geprägt und prägen gleichzeitig auch das Individuum. Während das „I" das gruppengeprägte Individuum charakterisiert, so „... the „We" signifies social, cultural, and political, hence historical and institutional, forces that shape the collective factor – the community ..." (Etzioni 1991, S.64f.).

Das „I&We"-Paradigma zeichnet sich folglich durch drei Kerngedanken aus: *Erstens* die Annahme doppelter Präferenzen; Menschen haben Präferenzen und Meta-Präferenzen, wobei die Meta-Präferenzen moralische Werturteile der Gesellschaft enthalten und dadurch die Präferenzen beeinflussen. *Zweitens* die Annahme, daß alle Individuen in sozialen Gruppen, z.B. in Familien, leben und sich auf diese beziehen sowie *drittens* die Annahme, daß Emotionen und Werturteile grundlegende handlungsleitende Normen sind, die durch Kultur, Familie, Staat und soziale Gruppen hervorgebracht werden.

Durch die analytische Verknüpfung von Präferenzen und Meta-Präferenzen im „I&We"-Paradigma wird das traditionelle eindimensionale Handlungsmodell nicht lediglich um eine zweite Dimension, um die Gesellschaft, erweitert, vielmehr wird die Hypothese, daß der Mensch ein isoliertes, egoistisches Wesen ist, dessen Handlungen sich gemäß der ökonomischen Rationalität gestalten und ausschließlich auf Nutzenmaximierung abzielen, durch die Annahme ersetzt, daß Handlungen in erster Linie durch Meta-Präferenzen, also durch Emotionen und Werturteile, bestimmt werden. Durch die Ableitung der Präferenzen aus den Meta-Präferenzen können nicht nur die sozialen Verpflichtungen des Individuums, sondern auch die Vielfältigkeit und die Veränderungen menschlicher Handlungen eingefangen werden.

110

Die eindimensionale Begrenzung des traditionellen rational-ökonomischen Handlungsmodells auf erfolgsorientiertes Handeln wird in den Socio-Economics überwunden, da das Individuum zum untrennbaren Bestandteil der „community" wird. Es trägt die Gesellschaft in sich.

Darüber hinaus wird durch die reflexive Wechselwirkung zwischen dem „I" und dem „We" die konzeptionelle Polarität der Handlungsmotive Eigennutz und Altruismus, das den neoklassischen Dualismus zwischen dem Individuum und der Gesellschaft kennzeichnet, aufgelöst.

Wenngleich sich Etzioni nicht mit der Bedeutung von «Geschlechtlichkeit» für die sozioökonomische Theorie auseinandersetzt, wird durch Zugrundelegen einer doppelten Präferenzstruktur gleichwohl das eindimensionale Rationalitätskonzept vielfältig erweitert und damit eine Möglichkeit geschaffen, Veränderungen in den Wertorientierungen einzuschließen. In Verbindung mit den moralischen Kriterien, die Etzioni den Handlungsorientierungen der Menschen zugrunde legt, wirken diese Veränderung auf soziale Beziehungen ein und beeinflussen also auch das «Geschlechterverhältnis». Dabei kommt vor allem den Prämissen, daß sich die Identität der Menschen im Kontext von Emotionen und moralischen Werturteilen entsteht und daß Handlungen primär von kulturellen Wertorientierungen einer Gesellschaft geleitet werden, zentrale Bedeutung zu. Etzioni führt die Herausbildung von Identität auf die kulturellen und moralischen Wertvorstellungen einer Gesellschaft zurück und erkennt auf diese Weise auch den sozialen Charakter des «Geschlechterverhältnisses» an. Die Frage, ob sich Etzioni auf naturhafte Deutungen der Zweigeschlechtlichkeit bezieht, bleibt zwar offen, aber die Verwendung eines komplexen Handlungsmodells, das „I&We"-Paradigma, bedeutet, daß Etzioni das «Geschlechterverhältnis» als ein soziales und veränderbares Verhältnis begreift.

4.2 Ökonomische Institutionen sind sozial konstruiert

Ebenso wie Etzioni gehört auch Mark Granovetter zu denjenigen, die im Rahmen der Socio-Economics versuchen, die eindimensionale Sichtweise der traditionellen Wirtschaftstheorie zu erweitern. Während Etzioni mit dem „I&We"-Paradigma ein komplexes Handlungsmodell entwirft, konzentriert sich Granovetter auf die Analyse sozialer Netze und ökonomischer Institutionen. Aufbauend auf der sozioökonomischen Grundannahme, daß die Menschen immer bezugnehmend auf persönliche und soziale Zusammenhänge handeln, zielt Granovetters Auseinandersetzung darauf ab, einen Ansatz zu entwickeln, der die vielfältigen und sich ständig verändernden Bedingungen ökonomischer Institutionen adäquat und hinreichend erklären kann. Deshalb stellt Granovetter den ökonomischen Theorien, die mit atomisierenden und von daher unterentwickelten Erklärungen menschlicher Handlungen (Granovetter 1992, S.55) die utilitaristische Tradition fortschreiben, eine Konzeption entgegen, die ökonomisches Handeln als in Gesellschaft „eingebettet" bestimmt. Bezogen auf institutionelle Zusammenhänge bedeutet „embeddedness",

> „... that the behavior and institutions to be analyzed are so constrained by ongoing social relations that to construe them as independent is a grievous misunderstanding." (Granovetter 1992, S.53).

Mit der Frage, wie und warum ökonomische Handlungen zu Aktivitäten einer koordinierten Gruppe werden, wird in Abgrenzung gegenüber dem von Oliver Williamson entwickelten Transaktionskostenansatz (Williamson 1990) versucht, ökonomische Institutionen, wie Unternehmen, Familienhaushalte oder Märkte (Granovetter 1991; 1992), zu bestimmen. Dazu stützt sich Granovetter auf soziologische Grundannahmen, die aussagen, daß ökonomisches Handeln *erstens* eine Form des sozialen Handelns ist, welches sich *zweitens* in Netzwerken vollzieht, und daß ökonomische Institutionen *drittens* von Menschen hervorgebracht werden, also soziale Konstrukte sind (Swedberg/Granovetter 1992, S.6). Der Ansatz der sozialen

Konstruktion ökonomischer Institutionen basiert auf der Idee, daß die Menschen ihre Wirklichkeit selbst gestalten, die Realität also sozial konstruiert wird, auf der Vorstellung, daß Ökonomien einen je spezifischen Weg der Entwicklung durchlaufen, wobei dieser Entwicklungsstand den jeweiligen Maßstab für mögliche wirtschaftliche Veränderungen liefert, und auf dem Konzept sozialer Netzwerke (Swedberg/Granovetter 1992, S.17f.).

Infolge der Auseinandersetzung mit den spezifischen Entwicklungsprozessen von Familienunternehmen in Südostasien und Lateinamerika, in denen die persönlichen Beziehungen der Familienmitglieder den gemeinsamen Bezugspunkt bilden, kann Granovetter zeigen, daß

> „... the shape of these institutions results more from the original structure of personal relations than from the exigencies of the market: they are, in effect, congealed social networks." (Granovetter 1991, S.79).

Die Besonderheit dieser Institutionen besteht, so Granovetter, darin, daß der wirtschaftliche Erfolg auf das gegenseitige Vertrauen des Familienverbandes zurückzuführen ist. Das gegenseitige Vertrauen ist aber nicht an einen familialen Kontext gebunden, sondern ist allgemein konstitutiv bei der Entstehung sozialer Netzwerke und bildet somit das Fundament ökonomischer Institutionen (Granovetter 1991, S.79).

Den Prozeß der Entstehung ökonomischer Institutionen veranschaulicht Granovetter am Beispiel der Entwicklung der Elektrizitätsindustrie in den USA Ende des 19. Jahrhunderts. Den Ausgangspunkt bildeten persönliche Kontakte und soziale Zusammenhänge, aus denen langsam soziale Netzwerke entstanden und die durch vielfältige und dynamische Entwicklungsprozesse letztlich zur Herausbildung einer stabilen ökonomischen Institution führten (Granovetter 1991, S.79). Sowohl die Struktur dieses Unternehmens als auch die anderer ökonomischer Institutionen

> „... reflects that of the networks, and even when those are no longer in place, the institutions take on a life of their own that limits the forms that future ones can take; they become 'locked in'." (Granovetter 1991, S.79).

Dadurch, daß die innere Verknüpfung von persönlichen, sozialen und ökonomischen Zusammenhängen beleuchtet wird, kann Granovetter die Struktur einer ökonomischen Institution als geronnenes soziales Netzwerk (Granovetter 1991, S.79) bestimmen. Die wesentliche Neuerung, die dieser Erklärungsansatz hervorbringt, besteht darin, daß ökonomische Institutionen nicht länger starre Gebilde sind, die transaktionskostentheoretisch erklärt werden können, sondern, daß sie das Ergebnis dynamischer und komplexer Prozesse sind. Dabei wird die Richtung, in die sich diese Prozesse entwickeln, durch die Menschen selbst gestaltet und entsprechend konstruiert.

Mit Bezugnahme auf das Konzept der sozialen Konstruktion von Realität findet Granovetter eine Erklärung, die die Besonderheit ökonomischer Institutionen aus den persönlichen Zusammenhängen sozialer Netzwerke ableitet. Die Anwendung dieser Konzeption zeigt, daß ein Ansatz, der soziale Sachverhalte im Zusammenhang mit der Herausbildung ökonomischer Institutionen berücksichtigt, weitaus größere Erklärungskraft besitzt als die im Rahmen traditioneller Wirtschaftstheorie entwickelten Konzepte. Die Handlungen der Menschen in ökonomischen Institutionen finden nicht mehr nur unter dem Aspekt der Erfolgsorientierung theoretische Berücksichtigung, sondern gleichermaßen fließen soziale Sachverhalte, kulturelle Muster und historische Zusammenhänge in die Analyse ökonomischer Institutionen ein. Mit der Anwendung des Konzepts der sozialen Konstruktion von Realität auf die Ökonomik liefert Granovetter eine Voraussetzung, daß die Menschen in ihrer je spezifischen Wirklichkeit und die konkreten Handlungen in ihrer Vielfältigkeit besser erfaßt werden können.

Obwohl auch Granovetter sich nicht explizit mit der Bedeutung von «Geschlechtlichkeit» und des «Geschlechterverhältnisses» auseinandersetzt, so wird doch eine methodische Parallele zur Feministischen Forschung deutlich: Die Beziehungen der Menschen sind soziale Prozesse, die von ihnen selbst hervorgebracht, gestaltet und verändert werden. Durch die Einbeziehung sozialer Sachverhalte in die Ökonomik schafft Granovetter eine fruchtbare Grundlage, um das «Geschlechterverhältnis» seinem Verständnis entsprechend als sozial konstruiertes Verhältnis zu bestimmen und als solches in die ökonomische Theorie einzubinden.

4.3 Der Paradigmaentwurf einer Praktischen Sozialökonomie

Die Suche nach einem neuen Rationalitätsverständnis steht auch im Mittelpunkt von Ulrichs Entwurf einer Praktischen Sozialökonomie (Ulrich 1993). Ulrich, der angesichts der zunehmend krisenhaften Auswirkungen, die die Rationalisierungsdynamik moderner Industriegesellschaften mit sich bringt, das autonom konzipierte Rationalitätsverständnis der traditionellen Ökonomik grundsätzlich in Frage stellt, fordert ebenso wie die US-amerikanischen Ansätze der Socio-Economics einen paradigmatischen Wechsel der Ökonomik ein (Ulrich 1993, S.11f.). Die Ursache dafür, daß grundlegende Veränderungen des ökonomischen Fortschrittskonzepts dringend notwendig geworden sind, sieht Ulrich im Rationalitätsdefizit der Ökonomie selbst begründet:

> „... Seine Symptome fallen mehr und mehr nicht nur in Form der ... 'externen Effekte' der ökonomischen Systemdynamik auf die natürliche und gesellschaftliche Lebenswelt an, sondern schlagen immer deutlicher auf die Funktionsfähigkeit und Effizienz des Wirtschaftssystems nach Massgabe seiner eigenen Rationalisierungskriterien zurück." (Ulrich 1993, S.12).

Aus diesem Grund sollte sich, so Ulrich, eine politische Ökonomie, die den Anforderungen der Moderne genügt, nicht länger nur auf den systemischen Standpunkt wirtschaftlichen Handelns beziehen, sondern zugleich soziale Sachverhalte berücksichtigen. Mit der Zielsetzung, „... die verselbständigte und eben deshalb problematisch gewordene ökonomische Rationalität wieder systematisch an praktische

Kriterien des guten Lebens der Menschen anzubinden" (Ulrich 1993, S.5), versucht Ulrich, ein neues ökonomisches Paradigma, das er als Praktische Sozialökonomie bezeichnet, zu entwerfen.

Im Anschluß an Karl-Otto Apels Konzeption einer „Transformation der Philosophie" (Apel 1973) und bezugnehmend auf Jürgen Habermas zweidimensionale Gesellschaftstheorie geht es im Rahmen der Praktischen Sozialökonomie um eine grundlegende „... Transformation des selbst schon immer normativen Fundaments der ökonomischen Rationalitätskonzeption *von der utilitaristischen zur kommunikativen Ethik.*" (Ulrich 1993, S.13). Der Entwurf einer Praktischen Sozialökonomie versucht,

> „... das erkenntnisleitende Interesse an der Erfassung wirtschaftlicher Tatbestände und Handlungs- bzw. Gestaltungsprobleme im lebensalltäglichen Gesamtzusammenhang auszudrücken; sie betrachtet im Unterschied zur autonomen Ökonomik ihre Gegenstände nicht ausschliesslich unter der Perspektive der funktionsrationalen Systemsteuerung, sondern aus dem Blickwinkel der Lebenswelt." (Ulrich 1993, S.341f.).

Dabei ist der Ansatz insofern „praktisch" konzipiert, als die pragmatische mit der kritisch-normativen Handlungsorientierung konzeptionell verbunden wird (Ulrich 1993, S.342).

Ulrichs Argumentationskette führt, ausgehend von der Kritik der utilitaristischen Rationalität, zu einer Konzeption der kommunikativ-ethischen Vernunft und weiter zu dem Entwurf einer Praktischen Sozialökonomie. Mit dem Versuch, die „... authentischen lebensweltlichen Bedürfnisse der Menschen" (Ulrich 1993, S.11) wieder an die ökonomische Rationalität anzukoppeln, verändert sich auch der Blick auf die wirtschaftlichen Handlungen der Menschen grundlegend. Im folgenden sollen die Aspekte herausgefiltert werden, die hinsichtlich der Integration des «Geschlechterverhältnisses» in die Ökonomik von Bedeutung sind.

Aus seiner Beschäftigung mit den ethisch-philosophischen Grundlagen der Ökonomik zieht Ulrich den Schluß, daß die die Wirtschaftstheorie bis heute dominierenden mainstream economics auf einem *monistischen Rationalitätskonzept* beruhen (Ulrich 1993, S.354f.). Die eindimensionale Zweck-Mittel-Rationalität trennt nicht nur die wirtschaftstheoretischen Probleme von den Problemen der Wirklichkeit und vereinfacht sie dadurch, sondern wird darüber hinaus zum normativen Ideal rational-ökonomischen Handelns (Ulrich 1993, S.196).

> „Aus der hypothetischen Identifikation mit der bewusst vereinfachten Idealwelt konnte unter diesen Umständen die Gefahr einer nicht mehr durchschauten, ideologischen Verkürzung der Realitätswahrnehmung erwachsen." (Ulrich 1993, S.197).

Die explizite Ausblendung der auf Verständigung ausgerichteten Regeln und Normen der Lebenswelt aus der Ökonomik führte letztlich zu „... einer *falschen Totalität* der Systemrationalität: die wirtschaftstechnische Rationalität erscheint schon als die ganze ökonomische Vernunft." (Ulrich 1993, S.180). Aus diesem Grund sieht Ulrich die wesentliche gesellschaftstheoretische Aufgabe darin,

> „... die faktischen Tendenzen zum eindimensionalen Rationalismus aus der kritischen Distanz einer unverkürzten, zweidimensionalen Konzeption des historischen Rationalisierungsprozesses zu rekonstruieren und gegen sie die *Möglichkeit und praktische Vernünftigkeit einer gesellschaftlichen Rationalisierung 'in Absicht auf die Freiheit'* (Kant) zur Geltung zu bringen." (Ulrich 1993, S.68).

Auf seiner Suche nach zweidimensionalen Konzeptionen, die geeignet sind, die authentischen Bedürfnisse der Menschen wieder an die Ökonomik anzukoppeln, findet Ulrich in dem von Apel und Habermas vollzogenen sprachpragmatischen Wandel von der reflexiven Ethik Kants zur kommunikativen Ethik moderner Gesellschaften, zur Diskursethik, einen wesentlichen Ansatzpunkt. Während die reflexive Ethik Kants, die im Kategorischen Imperativ eine Grundnorm der Handlungsorientierung widerspiegelt, die Generalisierung der Handlungsmaxime beim Individuum beläßt, gehen Apel und Habermas davon aus, daß die Menschen soziale Individuen sind und durch Kommunikationsstrukturen miteinander verbunden sind.

Das eindimensionale individualisierte Handlungsgebot wird durch die Bezugnahme auf die gesellschaftlichen Zusammenhänge komplex und mehrdimensional und verändert damit die Reflexion

> „... auf jene normativen Bedingungen der Möglichkeit und Gültigkeit rationalen Argumentierens, die jeder, der zu argumentieren beginnt, implizit immer schon anerkannt hat, weil sonst sinnvolles Argumentieren gar nicht möglich ist." (Ulrich 1993, S.284).

Unter Bezugnahme auf Apel und Habermas geht Ulrich davon aus, daß das monistische Rationalitätsverständnis der Ökonomik nur mit einer Konzeption verändert werden kann, die nicht nur zwischen lebensweltlichen und systemischen Dimensionen wirtschaftlichen Handelns systematisch differenziert, sondern die beiden Bereiche miteinander verknüpft. Während ökonomisches Handeln in *systemischer* Hinsicht den effizienten Umgang mit den knappen Mitteln in arbeitsteiliger Produktion betrifft und es insofern um die „... *rationale Verfügbarmachung* von Gütern zur Befriedigung von menschlichen Bedürfnissen" (Ulrich 1993, S.175) geht, zielt ökonomisches Handeln in *lebensweltlicher* Hinsicht auf die rationale Verständigung über wirtschaftliche Gestaltungsmöglichkeiten ab.

Um diese beiden Aspekte ökonomischen Handelns zusammenzufügen, bezieht sich Ulrich auf die Habermas'sche Gesellschaftstheorie, die Gesellschaft aus der Lebenswelt und den beiden Systemen – dem politischen und dem ökonomischen System – dualistisch konzipiert (Habermas 1988b, S.180). Bei Habermas kennzeichnen Strukturen und Handlungsorientierungen sowohl die Lebenswelt als auch die Systeme. In der Lebenswelt, die durch Kultur, Gesellschaft und Persönlichkeit strukturiert ist (Habermas 1988b, S.182ff.), wird kommunikatives Handeln[43] möglich, weil über

---

43 Das kommunikative Handeln ist auf Verständigung ausgerichtetes soziales Handeln, wobei Habermas die Verständigung, die sich über illokutionäre Sprechakte vollzieht, an folgende „universelle Geltungsansprüche" bindet: an die *Richtigkeit* hinsichtlich der objektiven Welt, an die *Wahrheit* in bezug auf die soziale Welt und an die *Wahrhaftigkeit* im Hinblick auf die subjektive Welt (Habermas 1988a, S.389ff.).

eine sprachliche Verständigung Bezugspunkte zur objektiven, sozialen und subjektiven Welt hergestellt werden können (Habermas 1988a, S.412).

Demgegenüber hat das ökonomische System durch die geldvermittelten erfolgsorientierten Tauschbeziehungen nur zur objektiven Welt eine Beziehung, wobei diese Handlungen von instrumenteller und strategischer Vernunft geleitet werden (Habermas 1988b, S.472ff.). Habermas, der eine zunehmende Entkoppelung von System und Lebenswelt nicht nur konstatiert, sondern beklagt (Habermas 1988b, S.233), verortet im kommunikativen Handeln das Potential für grundlegende gesellschaftliche Veränderungen.

Vor diesem konzeptionellen Hintergrund entwirft Ulrich das Paradigma einer Praktischen Sozialökonomie, dessen zentrale Elemente in den folgenden ökonomietheoretischen Veränderungen zusammengefaßt werden können:

> „... im erneuten Philosophischwerden politischer Ökonomie ..., in ihrem dementsprechend bescheideneren, selbstkritischen Praxisbezug als 'Verständigungswissenschaft' ..., im zeitgemässen Nachvollzug des lebenspraktischen 'Themenwechsels' ... und schliesslich in der Ablösung des herkömmlichen monistischen durch ein umfassenderes dualistisches Wissenschaftsmodell der Ökonomie ..." (Ulrich 1993, S.342).

Ulrich, der zu dem Ergebnis kommt, daß „... die *Arbeit die Urform jedes zweckrationalen Handelns* ..." (Ulrich 1993, S.37) ist und „... als Erfahrungsquelle erfolgreichen Handelns zum Modell zweckrationalen Handelns und Denkens ..." (Ulrich 1993, S.37) wird, kritisiert die monistische Transformation dieses Modells Anfang des 19. Jahrhunderts in einen Rationalitätsbegriff, der seinen figurativen Ausdruck im Menschenbild der ökonomischen Theorie, dem «homo oeconomicus», findet. Ökonomische Konzeptionen, die durch die Nichtberücksichtigung lebensweltlicher Aspekte das Rationalitätsverständnis um die Sprachbegabung verkürzen, greifen, so Ulrich, nicht nur eine Evolutionsstufe zu kurz, sondern können darüber hinaus gesellschaftliche Veränderungen, die erst im gemeinsamen Diskurs vernunftbegabter Menschen entstehen, nicht einfangen (Ulrich 1993, S.39f.). Die Voraussetzung zur

Wiederankoppelung der Lebenswelt an das ökonomische System ist die Transformation der utilitaristischen zur kommunikativ-ethischen Rationalität, d.h. die Bezugnahme auf ein Rationalitätsverständnis, das sowohl systemischen als auch lebensweltlichen Handlungsorientierungen Rechnung trägt.

In Auseinandersetzung mit dem Prozeß der Hominisation bis in die Moderne dokumentiert Ulrich, daß diese Entwicklung sowohl von Phasen der technischen Rationalisierung der Gesellschaft als auch der kommunikativen Rationalisierung der Gesellschaft gekennzeichnet war. Die Bestimmung der gesellschaftlichen Technisierung als „Vermännlichung der Kultur" einerseits und der gesellschaftlichen Kommunikation als „Verweiblichung der Kultur" andererseits (Ulrich 1993, S.33ff.) liefert Ulrich die Grundlage zur Erweiterung und Anbindung der ökonomischen Rationalität an die praktischen Kriterien des „guten Lebens". Die dualistische Rationalitätskonzeption der Praktischen Sozialökonomie stellt deshalb der „... immer mehr auf zweckrationale Logik, Technik und Organisation, Disziplin, Unterordnung bzw. Herrschaft, Solidarität, Kühnheit und Kampf ..." (Ulrich 1993, S.39) ausgerichteten «männlichen» Vernunft die in der Lebenswelt hervorgebrachte «weibliche» Vernunft zur Seite. In der «weiblichen» Vernunft entwickeln sich „... die Fähigkeiten der affektiven und sprachlichen Interaktion zwischen Mutter und Kind, des Fernhaltens der Kinder von Gefahren, der Schaffung eines Geborgenheit vermittelnden Heims" (Ulrich 1993, S.39) stärker als in der «männlichen» Rationalität.

Im Hinblick auf die Möglichkeiten und Grenzen der Einbindung des «Geschlechterverhältnisses» in die Ökonomik ist festzuhalten, daß über die Ausdifferenzierung ökonomischer Handlungen in systemischer und lebensweltlicher Hinsicht auch die geschlechtsspezifische Arbeitsteilung ins Blickfeld gelangt. Im dualistischen Entwurf einer Praktischen Sozialökonomie ist das «Geschlechterverhältnis» nicht einfach gegeben, sondern ist ein historisch entstandenes, soziales Verhältnis, das die kulturellen Entwicklungen einer Gesellschaft reflektiert. Die Ausformung der

120

geschlechtsspezifischen Arbeitsteilung geht, so Ulrich, einher mit dem Prozeß der Menschwerdung, setzt bereits eine sprachliche Verständigung voraus (Ulrich 1993, S.39f.) und prägt auch die kulturelle Differenzierung zwischen Männern und Frauen bis in die Moderne. Die „... herkömmlichen strukturellen Zwänge der vollständigen Rollenteilung von Mann und Frau ..." (Ulrich 1993, S.462) drängen noch immer einerseits den Mann in die Erwerbsarbeit und binden andererseits die Frau an Familie und Haushalt. Damit formt die geschlechtsspezifische Arbeitsteilung nicht nur das «Geschlechterverhältnis», sondern ist, so Ulrich, zugleich die Ursache dafür, daß sich eine spezifisch «weibliche» und eine spezifisch «männliche» Vernunft herausbildet (Ulrich 1993, S.462).

Wenngleich Ulrich auf eine Differenzierung zwischen den Begriffspaaren «männlich» / «weiblich» und «maskulin» / «feminin», wie dies im Rahmen der Feministischen Forschung gebräuchlich ist, um methodisch zwischen naturhaften und kulturellen Faktoren zu unterscheiden, verzichtet, so kennzeichnet den Entwurf einer Praktischen Sozialökonomie doch die Ablösung von naturalistischen und ethisch-religiösen Rationalitätskonzeptionen. Ulrichs Erklärungsmuster ist zwar dualistisch, aber nicht naturalistisch. Damit wird eine Anforderung an eine neuzeitliche Ökonomik benannt, die eine Verbindung zur Zielsetzung der Feministischen Forschung herstellt: Das «Geschlechterverhältnis» als sozial hervorgebrachtes Verhältnis zum Gegenstand ökonomischer Forschung zu erheben.

4.4 Sozio- und sozialökonomische Annäherungen an das «Geschlechterverhältnis»

Die betrachteten sozio- und sozialökonomischen Ansätze verändern nicht nur in unterschiedlicher Weise das traditionelle Rationalitätsverständnis, sondern tragen dazu bei, die Einbindungsmöglichkeiten des «Geschlechterverhältnisses» in die Ökonomik weiter zu konkretisieren.

So eröffnet das Handlungsmodell von Etzioni, das „I&We"-Paradigma, durch die Auflösung des neoklassischen Dualismus zwischen Individuum und Gesellschaft eine Möglichkeit, die Menschen in ihren komplexen sozialen Zusammenhängen zu erfassen. Durch die Verknüpfung des Handlungsmodells mit Moralkriterien, insbesondere durch das Zugrundelegen symmetrischer Grundsätze, die die Anerkennung gleichen Status' oder gleicher Rechte einfordern, wird ein Fundament geschaffen, das nicht nur das «Geschlechterverhältnis» als ein sozial entstandenes Verhältnis, sondern ebenso Veränderungen theoretisch erfassen kann.

Granovetters Konzeption, die aufgrund der „Eingebettetheit" der Menschen in soziale Netzwerke ökonomische Institutionen als sozial konstruiert bestimmt, liefert einen weiteren Ansatzpunkt. Mit der Bestimmung ökonomischer Institutionen als geronnene soziale Netzwerke ist ein weiterer Grundstein gelegt, um auch das «Geschlechterverhältnis» als ein sozial konstruiertes Verhältnis zu begreifen und als solches in den ökonomischen Institutionen Familienhaushalt und Erwerbsarbeitsmarkt zu untersuchen.

Während Etzioni eine Zustandsbeschreibung der Gesellschaft liefert, geht Ulrich einen Schritt weiter und bestimmt die gesellschaftliche Rationalisierung als einen dynamischen Prozeß, der sich durch pluralistische Lebensformen auszeichnet und aufgrund gemeinsamer Diskurse ständigen Veränderungen unterliegt. Aus diesem Grund argumentiert Ulrich im Gegensatz zu Etzioni nicht moralisch, sondern geht davon aus, daß das Handeln der Menschen auf kommunikativer Vernunft beruht.

Denn Normen sind nicht einfach vorhanden, sondern werden von den kommunikativ-rational handelnden Menschen in Diskursen erst festgelegt. Eine ökonomische Theorie, die auch gesellschaftliche Veränderungen berücksichtigt, die im gemeinsamen Diskurs vernunftbegabter Menschen entstehen, darf, so Ulrich, lebensweltliche Aspekte nicht ausblenden und damit nicht das Rationalitätsverständnis um die Sprachbegabung verkürzen. Durch die Ableitung des «Geschlechterverhältnisses» aus der geschlechtsspezifischen Arbeitsteilung und der Bestimmung als kulturelle Differenzierung zwischen Männern und Frauen macht Ulrich deutlich, daß die Erweiterung des ökonomischen Rationalitätsverständnisses um die «weibliche» Vernunft ein zentraler Aspekt zur Wiederankoppelung der Lebenswelt an das ökonomische System ist.

Die Auseinandersetzung mit den verschiedenen Ansätzen der Feministischen Forschung, den New Home Economics sowie den Socio-Economics und der Praktischen Sozialökonomie dokumentiert, daß trotz der Verhaftung in unterschiedlichen Theorietraditionen eine konzeptionelle Annäherung stattgefunden hat: Alle Erklärungsmuster beziehen sich bei der Bestimmung des «Geschlechterverhältnisses» auf die traditionelle Form der geschlechtsspezifischen Arbeitsteilung im Familienhaushalt. Durch die Bestimmung des Familienhaushalts als Einheit von Produktion und Konsum haben die New Home Economics das «Geschlechterverhältnis» entdeckt und damit zumindest eine Brücke zu sozialen Handlungsorientierungen gebaut. Die kritische Distanz gegenüber eindimensionalen, utilitaristisch fundierten Ansätzen und die Suche nach alternativen Erklärungsmustern, die Verbindungslinien zwischen sozialen Sachverhalten und ökonomischen Zusammenhängen herstellen, verbindet die anderen hier angesprochenen Konzeptionen miteinander. Im Rahmen der Feministischen Forschung liefern die Arbeiten, die wie Folbre und Hartmann (1988) die „soziale Konstruktion" der «gender»-Kategorie hervorheben bzw. wie Beer (1990) das «Geschlechterverhältnis» als „sozial konstituiert" bestimmen, eine methodische

Voraussetzung zur wirtschaftstheoretischen Integration des «Geschlechterverhältnisses». Die von Hagemann-White (1988), Gildemeister (1992) und Butler (1991)
formulierte Kritik an Konzeptionen, die aus der Geschlechtszugehörigkeit direkte
Schlußfolgerungen auf die soziale Stellung von Männern und Frauen in der Familie
und in der Gesellschaft ableiten, zeigt die Notwendigkeit, sich von naturhaften
Deutungen der Zweigeschlechtlichkeit zu lösen.

Mit der Einbindung sozialer und kultureller Sachverhalte in die ökonomische Theorie tragen sozio- und sozialökonomische Diskurse dazu bei, mehrdimensionale und
komplexe Erklärungen in die Analyse zu integrieren. Die Bezugnahme auf die Entwürfe der Socio-Economics und der Praktischen Sozialökonomie eröffnet eine
Möglichkeit, das monistische Rationalitätsverständnis sowohl durch die Einbindung
moralischer Aspekte in das Handlungsmodell (Etzioni 1988) als auch durch die Bezugnahme auf die sozial konstruierten Netzwerke, in die die Menschen eingebettet
sind (Granovetter 1991) sowie durch die Erweiterung um die «weibliche» Vernunft
(Ulrich 1993) grundlegend zu verändern.

Die sozio- und sozialökonomischen Versuche, die eindimensionale Begrenzung der
Ökonomik zu überwinden, stehen zwar in Einklang mit der Zielsetzung der Feministischen Forschung, das Rationalitätsverständnis der Ökonomik um die spezifische
Lebens- und Erfahrungswelt von Frauen zu verändern. Aber die fehlende Bezugnahme auf feministische Forschungsergebnisse, der nicht stattfindende Diskurs, hat
zur Folge, daß sich die Kritik der Feministischen Forschung nicht erledigt hat: Noch
immer hat das Rationalitätsverständnis der Ökonomik einen androzentristischen
Kern, der im «maskulinen» Sprachvermögen, in den Begriffen und Kategorien der
Wirtschaftswissenschaft zum Ausdruck kommt. Kann dennoch zwischen diesen
unterschiedlichen Konzeptionen vermittelt werden? Wie kann das «Geschlechterverhältnis» nicht nur als ein sozial konstruiertes und veränderbares Verhältnis, sondern
darüber hinaus ohne Bezugnahme auf naturhafte Deutungen der Zweigeschlechtlichkeit wirtschaftstheoretisch erfaßt werden?

5. Bausteine und Perspektiven für eine Feministische Ökonomik

> „Im übrigen verfügen die Frauen aus
> dem historischen Erbe der geschlecht-
> lichen Arbeitsteilung, der sie in der
> bürgerlichen Kleinfamilie unterworfen
> waren, über Kontrasttugenden, über ein
> zur Männerwelt komplementäres, der
> einseitig rationalisierten Alltagspraxis
> entgegengesetztes Wertregister."
> Jürgen Habermas 1988b, S.579

Im Gegensatz zu den Männern besitzen, so Habermas, die Frauen nicht nur „Kontrasttugenden", sondern verfügen auch über ein „... zur Männerwelt komplementäres, der einseitig rationalisierten Alltagspraxis entgegengesetztes Wertregister." (Habermas 1988b, S.579). Beide Eigenschaften leitet Habermas aus dem „... Erbe der geschlechtlichen Arbeitsteilung, der sie in der bürgerlichen Kleinfamilie unterworfen waren ..." (Habermas 1988b, S.579) ab und bewertet sie positiv, denn aus seiner Sicht sind die Frauen diejenigen, die in ihrem spezifischen Handlungsraum, dem Familienhaushalt, Eigenschaften entfaltet haben und entfalten, die entgegen der engen ökonomischen Rationalität wirken.

Die Bezugnahme auf solche Eigenschaften liegt Ulrichs Entwurf einer Praktischen Sozialökonomie zugrunde, denn auch sein Versuch, das traditionelle Rationalitätsverständnis der Ökonomik um die «weibliche» Vernunft zu erweitern, knüpft an der geschlechtsspezifischen Arbeitsteilung an. Die Zuschreibung positiver Eigenschaften ist sicherlich sehr ehrenvoll für die Frauen, stößt aber innerhalb der Feministischen Forschung auf Vorbehalte, denn Habermas' duales Gesellschaftskonzept verweist nicht zwangsläufig auf das «Geschlechterverhältnis» (Kulke 1990, S.80f.) und verfolgt schon gar nicht die Zielsetzung, die aus dem Kontext der geschlechtsspezifischen Arbeitsteilung entspringende soziale Ungleichheit zwischen Männern und Frauen zu verändern.

Wenn sozio- und sozialökonomische Konzeptionen bezugnehmend auf die geschlechtsspezifische Arbeitsteilung argumentieren und Schlüsse hinsichtlich der Veränderung des ökonomischen Rationalitätsverständnisses ziehen, ohne dabei eine Auseinandersetzung mit dem Prozeß der Herausbildung von Geschlechtsidentitäten zu führen, werden bestimmte Eigenschaften nur im Kontext der «Geschlechtlichkeit» sichtbar, sind immer an die Frau oder an den Mann gebunden. Durch diese direkte Ableitung aus sichtbaren Funktionszusammenhängen, die in der begrifflichen Zuordnung von «männlich» an den Mann und «weiblich» an die Frau ihren Ausdruck findet, bleiben sozio- und sozialökonomische Entwürfe einer naturhaften Deutung der Zweigeschlechtlichkeit verhaftet. Liefern diese Ansätze dennoch Ansatzpunkte, um der Zielsetzung, eine Feministische Ökonomik zu entfalten, die auf eine naturalistische Fundierung verzichtet und das «Geschlechterverhältnis» als soziales und veränderbares Verhältnis bestimmt, ein Stück näher zu kommen?

Innerhalb der Feministischen Forschung haben sich unterschiedlich nuancierte Konzeptionen herausgebildet, die sich vereinfachend mit den Stichwörtern «Gleichheit», «Differenz» oder «Vielfalt von Differenzen» umreißen lassen. Nach wie vor besteht eine gemeinsame Zielsetzung darin, die durch sexistische und androzentristische Sichtweisen geprägte Wissenschaft zu revidieren. Bei der Antwort auf die Frage, welcher der eingeschlagenen Wege geeignete Voraussetzungen für grundlegende Veränderungen schafft, scheiden sich allerdings die Geister, so daß zu klären ist, welcher dieser Erklärungsansätze in der Lage ist, sowohl zwischen unterschiedlichen Theoriekonzeptionen zu vermitteln als auch das «Geschlechterverhältnis» entsprechend den vorbezeichneten Voraussetzungen in die Wirtschaftstheorie zu integrieren?

Mit den Begriffen «Gleichheit», «Differenz» und «Vielfalt von Differenzen» kann grob zwischen drei aktuellen Positionen der Feministischen Forschung unterschieden werden, zwischen (a) dem Empirismus, (b) der Standpunkttheorie und (c) der Diskurstheorie.

(a)   Der *Empirismus* betont die *«Gleichheit»*, weil davon ausgegangen wird, daß Geschlechtsunterschiede noch immer dazu benutzt werden, um wirtschaftliche Benachteiligungen gegenüber Frauen zu rechtfertigen. Insbesondere in den USA werden empirische Untersuchungen und statistische Erhebungen herangezogen, um Kritik an diskriminierenden Entlohnungspraktiken und an der Segregation des Erwerbsarbeitsmarkts zu formulieren (Bergmann 1980)[44] Es wird angenommen, daß sexistische und androzentristische Positionen lediglich „... gesellschaftlich bedingte Verzerrungen sind, die durch striktere Anwendung der bereits existierenden methodologischen Normen wissenschaftlicher Untersuchungen korrigiert werden können." (Harding 1991, S.22).

Aus diesem Grund bauen Ökonominnen, wie Barbara Bergmann (1980) oder Francine Blau und Marianne Ferber (1986), darauf, daß schon eine zunehmende Präsenz feministischer Forscherinnen den Blickwinkel der Ökonomik so verändert, daß auch die Brille dieser Wissenschaft zukünftig ein «maskulines» und ein «feminines» Glas hat.

Möglicherweise verhilft der Empirismus damit der Frauenbewegung zur Durchsetzung politischer Forderungen. Solange aber die Grundannahmen der mainstream economics, insbesondere der methodologische Individualismus, nicht grundlegend in Frage gestellt werden, paßt sich der Empirismus letztlich

---

44 So wird im Rahmen der US-amerikanischen „Comparable-Worth"-Debatte versucht, geschlechtsspezifische Unterschiede in der Entlohnung durch neue Verfahren der Lohnfestsetzung zu beseitigen. Einen Überblick über die Diskussion liefert Heidi Hartmann (1985).

eindimensionalen Positionen und «maskulinen» Begründungszusammenhängen an und hofft auf bessere Zeiten.

(b) Im Gegensatz zum Empirismus stellen *standpunkttheoretische Ansätze* die *«Differenz»* in den Mittelpunkt, heben also den Unterschied zwischen Männern und Frauen hervor. Im Rahmen der Standpunkttheorie werden, auf die Hegel'sche Dialektik von «Herr und Knecht» und den Marx'schen Theorieentwurf bezogen (Harding 1991, S.24), Konzeptionen entfaltet, die davon ausgehen, daß die Erkenntnis aus abstrahierender Erfahrung resultiert und die Erfahrungen in Verbindung mit dem Arbeitsprozeß als spezifisch «weiblich» oder «männlich» bestimmt werden können.

> „Die Kategorie Geschlecht selbst, deren Aufbau mit der Entwicklung eines Neugeborenen zu einem gesellschaftlichen Wesen, einer Person, einhergeht, ist ja nichts anderes als die Schaffung von Persönlichkeiten, die dazu neigen, sich selbst, andere und die Natur selbst auf geschlechtsspezifische Weise wahrzunehmen." (Harding 1988, S.234).

Damit legt Harding eine Annahme zugrunde, die von *zwei* erkenntnistheoretischen Standpunkten ausgeht: Den Lebens- und Arbeitserfahrungen von Frauen, die denen der Männer gegenüber stehen.

> „Dies bedeutet, daß das Verhältnis von Theorie, Wissenschaft und Erfahrung an den Arbeitskontext gebunden wird, dessen weibliche Sphäre historisch immer von der männlichen abgegrenzt war, und ... somit einen anderen Entstehungskontext von Erkenntnis begründet." (Seifert 1992, S.258).

Die Auffassung, daß es einerseits einen «männlichen» und andererseits einen «weiblichen» Erkenntniszusammenhang gibt, unterstellt, daß eine klare Trennungslinie zwischen der Geschlechtsidentität eines Mannes und einer Frau gezogen werden kann. Für Catherine MacKinnon reflektiert das herrschende Wissenschaftsverständnis eine «männlich» verzerrte Bestimmung von Objektivität, denn der

> „... männliche epistemologische Gesichtspunkt, welcher der von ihm kreierten Welt entspricht, ist die Objektivität: der angeblich unbeteiligte Stand-

punkt, die Sicht aus keiner bestimmten Perspektive, für die konstruierte Realität anscheinend transparent." (MacKinnon 1989, S.106).

Standpunkttheoretische Konzeptionen zeigen, daß Frauen – trotz der untereinander bestehenden Kontraste – aufgrund ihrer wirtschaftlichen und sozialen Stellung in der Gesellschaft andere Erfahrungen als Männer gemacht haben, und daß daraus andere Problemlagen und Perspektiven entstehen. Die aus dieser spezifischen Erfahrung von Frauen resultierende Erkenntnis, die bislang von der Theoriebildung ausgeblendet wurde, versuchen sowohl Folbre und Hartmann (1988) als auch Beer (1990) durch die Bestimmung der Kategorie «gender» bzw. des «Geschlechterverhältnisses» als sozial konstruiert bzw. sozial konstituiert in die Ökonomik einzuschreiben. So kann Beer zeigen, daß die bestehende „... Ungleichheit im Geschlechterverhältnis ... strukturell in die Ökonomie warenproduzierender Gesellschaften eingelassen ist ..." (Beer 1990, S.15).

Den standpunkttheoretischen Ansätzen, die argumentieren, „... daß die gesellschaftliche Vorherrschaft der Männer partielle und pervertierte Vorstellungen zur Folge hat, während die Frauen aufgrund ihrer untergeordneten Position vollständigere und weniger pervertierte Vorstellungen zu entwickeln vermögen" (Harding 1991, S.24), liegt allerdings eine Position zugrunde, die die Geschlechtszugehörigkeit als naturhaft, eindeutig und unveränderbar begreift. Wenn die „... Unterscheidung von Männern und Frauen ... implizit vorausgesetzt" (Seifert 1992, S.269) wird, bleiben standpunkttheoretische Bestimmungen der sozialen «Differenz» zweigeschlechtlichen Erklärungsmustern verhaftet.

(c)   Die *feministische Diskurstheorie* geht einen Schritt weiter und plädiert für offene Konzeptionen, die die lebendige *«Vielfalt von Differenzen»* einfangen und versuchen, das androzentristische Rationalitätsverständnis westeuropäischer Gesellschaften zu revidieren (Kulke 1988; Fraser 1992; Seifert 1992).

Im Rahmen der Feministischen Forschung haben sich diskurstheoretische Ansätze aus poststrukturalistischen Theorien entwickelt, die davon ausgehen,

> „... daß weder Natur noch Gesellschaft intrinsische Bedeutungen besitzen, die mittels der Sprache zutage gefördert werden. ... Wenn wir von 'Natur' reden, dann immer nur innerhalb einer symbolischen Ordnung, die Trennungen entlang bestimmter Linien – z.B. zwischen Natur und Kultur, zwischen männlich und weiblich – bereits vorgenommen hat. Diese symbolischen Ordnungen werden durch sprachliche Konstrukte, die Foucault 'Diskurse' nennt, produziert." (Seifert 1992, S.270).

Im Mittelpunkt dieser Debatten, die bezugnehmend auf die von Habermas entfaltete „Theorie des kommunikativen Handelns" (1988a; 1988b) und bzw. oder auf Foucaults historischer Untersuchung des Zusammenhangs von „Sexualität und Wahrheit" (1983; 1993a; 1993b) formuliert werden, stehen die Begriffe: Sprache, Subjektivität und Macht, wobei die Sprache, verstanden als symbolische Ordnung, der analytische Ansatzpunkt zur Erklärung von Subjektivität und Macht ist (Seifert 1992, S.270)[45].

Auf die Habermas'sche „Theorie des kommunikativen Handelns" (Habermas 1988a; 1988b) bezugnehmend, fragen feministische Forscherinnen, wie Hiltraud Schmidt-Waldherr (1988), Christine Kulke (1988; 1990) und Nancy Fraser (1992), ob diese Konzeption auch auf die Probleme und Konflikte im «Geschlechterverhältnis» der Gegenwart ausgedehnt werden kann und in der Lage ist, «Geschlechtlichkeit» als soziale Kategorie zu erfassen. Im Vordergrund der Auseinandersetzung steht die Kritik an der Ausblendung patriarchaler Gesellschaftsstrukturen, denn dieses Konzept weist gegenüber der Bedeutung und Wirkung von «Geschlechtlichkeit» blinde Flecken auf (Fraser 1992, S.120). Die von Habermas und im Anschluß daran auch

---

45 Die konzeptionelle Offenheit der feministischen Diskurstheorie zeigt sich in der Bezugnahme auf unterschiedliche Theorieströmungen. Dennoch wird deutlich, daß sich US-amerikanische Forscherinnen hauptsächlich auf Foucaults Ansatz beziehen, während die Feministische Forschung in der Bundesrepublik Deutschland überwiegend bezugnehmend auf Habermas argumentiert.

von Ulrich eingeforderte Öffnung des ökonomischen Systems zur Lebenswelt, zur lebenspraktischen Vernunft, gibt zwar den Blick auf die konkreten Handlungen der Menschen und damit auf die Beziehungen zwischen Männern und Frauen frei, führt aber gleichzeitig vor Augen, daß der «homo oeconomicus» nach wie vor mit «maskulinen» Eigenschaften ausgestattet ist (Knapp 1986; Rudolph 1986, Kulke 1988). Nancy Fraser, die sich mit der Frage, „Was ist kritisch an der Kritischen Theorie?", dem Habermas'schen Entwurf zuwendet, zeigt, daß „... die Geschlechtsidentität Ausprägungen in allen Lebensbereichen hat" (Fraser 1992, S.122) und

> „... daß weibliche und männliche Geschlechtsidentität wie rosa und blaue Fäden die Bereiche der bezahlten Arbeit, der staatlichen Verwaltung und des Staatsbürgerstatus ebenso durchziehen wie die Bereiche familiärer und sexueller Beziehungen." (Fraser 1992, S.121f.).

Wenn Habermas zum einen diese Zusammenhänge nicht berücksichtigt, zum anderen aber davon ausgeht, daß Frauen sowohl über „Kontrasttugenden" als auch über „... ein zur Männerwelt komplementäres, der einseitig rationalisierten Alltagspraxis entgegengesetztes Wertregister" (Habermas 1988b, S.579) verfügen, und wenn er dabei auf eine systematische Auseinandersetzung mit dem «Geschlechterverhältnis» verzichtet, offenbaren sich, so Christine Kulke, diese Annahmen als „patriarchale Ideologien" (Kulke 1990, S.81).

> „Die Annahmen über komplementäre weibliche Tugenden schreiben traditionelle Merkmalszuweisungen sowie Geschlechterstereotypen fest und zementieren damit theoretisch die herkömmliche geschlechtsspezifische Arbeitsteilung, ohne die hierzu widersprüchlichen und gegenläufigen Erfahrungen in ihrer Bedeutung für geschlechterunterschiedliche Lernprozesse sichtbar zu machen." (Kulke 1990, S.81).

Obwohl Fraser diese Kritik teilt und zeigt, daß es aus Sicht der Feministischen Forschung eine bedeutende „... Frontlinie zwischen den Formen männlicher Herrschaft, die das 'System' mit der 'Lebenswelt' verbinden *und uns*" (Fraser 1992, S.138) gibt, bezeichnet sie die blinden Flecken der Habermas'schen Theorie dennoch als lehrreich (Fraser 1992, S.138). Wenn es gelingt, die Geschlechtsblindheit des Habermas'schen Entwurfs zu revidieren, ist, so Fraser, die Feministische

Forschung der Zielsetzung, die «Vielfalt von Differenzen» einzufangen, ein entscheidenes Stück näher gekommen. Die Schaffung eines kategorialen Rahmens, der nicht nur die Gemeinsamkeiten zwischen dem «Geschlechterverhältnis» im Familienhaushalt und einer staatlich regulierten Ökonomie berücksichtigt, sondern darüber hinaus die methodischen Trennungen auflöst, „... die – wenn auch auf verschiedene Weise – die Unterordnung der Frauen erzwingen" (Fraser 1992, S.138), ist ein erster Schritt in diese Richtung.

Auch in der Bundesrepublik Deutschland setzt sich die Feministische Forschung zur Zeit damit auseinander, wie die „Theorie des kommunikativen Handelns" um das «Geschlechterverhältnis» erweitert werden kann (Schmidt-Waldherr 1988; Kulke 1990), und inwieweit dieser Entwurf und seine Weiterentwicklung durch Ulrich (1993) überhaupt eine Voraussetzung schafft, das «Geschlechterverhältnis» in die Ökonomik zu integrieren (Peter 1990; Knobloch 1993; Biesecker 1994b; Biesecker/Wolf 1995[46]). Währenddessen haben die US-amerikanischen Ökonominnen, Marianne Ferber und Julie Nelson, bezugnehmend auf Michel Foucault, der im Unterschied zu Habermas die Frage nach dem Zusammenhang zwischen „Sexualität und Wahrheit" (1983; 1993a; 1993b) stellt, bereits konkretere Versuche unternommen, die Ökonomik zu revidieren (Ferber/Nelson 1993).

Den Ansatzpunkt für die Entfaltung einer Feministischen Ökonomik entdecken Ferber und Nelson in der an traditioneller Ökonomik und an den New Home Economics formulierten Kritik (Blau/Ferber 1986; Nelson 1992; Ferber/Nelson 1993) und beantworten die Frage, was Feministinnen tun können, um die androzentristischen

---

46 Der 1992 in Zusammenarbeit mit Adelheid Biesecker erfolgte Versuch, den Habermas'schen Ansatz bezugnehmend auf Beer (1990) um das «Geschlechterverhältnis», verstanden als Strukturkategorie, zu erweitern (Biesecker/Wolf 1995, S.139ff.), hat vor allem neue methodische Fragen gestellt. Nach wie vor geht es darum, das «Geschlechterverhältnis» als Strukturkategorie der Ökonomie zu bestimmen. Allerdings scheint die Beer'sche Einteilung der Analyse in drei Ebenen ungeeignet zu sein, weil damit bestehende Normen und Strukturen ungewollt zementiert werden.

Sichtweisen in der Ökonomik zu wandeln, eindeutig: Die verzerrten Wahrnehmungen der Lebens- und Erfahrungswelt von Frauen können danach nur dann verändert werden, wenn die Beziehung zwischen der sozialen Konstruktion von «gender» und der sozialen Konstruktion von Wissenschaft in den Mittelpunkt der Analyse gestellt wird (Ferber/Nelson 1993, S.7ff.). Ferber/Nelson gehen davon aus, daß damit ein Weg für eine offene und vielfältige Konzeption geebnet ist, die sich sowohl von praxisorientierten und empirischen Positionen Feministischer Forschung als auch von standpunkttheoretischen Ansätzen, sofern sie dualistische Denkweisen der Zweigeschlechtlichkeit fortschreiben, löst (Ferber/Nelson 1993, S.8f.).

Dieser Ansatz, den Ferber/Nelson in Anlehnung an Foucault (1983, 1993a; 1993b) als Feministischen Konstruktionismus bezeichnen, zielt auf die „... 'Entmystifizierung des männlichen Subjekts der Vernunft'..." (Benhabib 1993, S.11) ab. Die Besonderheit des Foucault'schen Ansatzes besteht, wie Ruth Seifert zeigt, darin, daß die Sprache nicht nur Worte sind, die der Verständigung untereinander dienen, sondern „... vielmehr ein Zeichensystem, mit dem wir Bedeutungen produzieren. Bedeutungen existieren nicht vor der Sprache – sie werden vielmehr erst von ihr geschaffen." (Seifert 1992, S.270f.). Die Sprache ist keine beziehungslose Ordnung von Worten, sondern wird im Kontext sozialer, kultureller und geschichtlicher Beziehungen zum Bedeutungssystem. Damit trägt die Sprache sowohl zur Konstruktion von Geschlechtsidentitäten als auch des «Geschlechterverhältnisses» bei und wird zum Ansatzpunkt des Feministischen Konstruktionismus'. Obwohl diese programmatisch ausgerichtete Konzeption noch in den Kinderschuhen steckt, gehen Ferber/Nelson davon aus, daß der Feministische Konstruktionismus momentan „... provides the best basis for a dialoque between feminist theory and economics." (Ferber/Nelson 1993, S.9).

In Auseinandersetzung mit der Kritik der konzeptionellen Bestimmung der Begriffe «sex» und «gender», die seit Anfang der siebziger Jahre die US-amerikanische Debatte prägt, wird die Kategorie «gender» zum Dreh- und Angelpunkt des Feministischen Konstruktionismus (Ferber/Nelson 1993, S.9f.). Ferber/Nelson heben hervor, daß die soziale Zuordnung zu einem Geschlecht nicht biologisch vorbestimmt ist, sondern als ein Prozeß der Identifikation mit «maskulinen» oder «femininen» Kennzeichen zu definieren ist. Aus dieser Bestimmung von «gender» als kultureller Konstruktion schlußfolgern Ferber/Nelson, daß sich der Begriff «gender» nicht nur auf die Geschlechtsidentität von Frauen bezieht, sondern ebenfalls mit der sozialen Konstruktion «Mann» verknüpft ist (Ferber/Nelson 1993, S.10).

Die Mythen der «Maskulinität» stützen, so Ferber/Nelson, auch in der Ökonomik die Vorherrschaft und Privilegierung «maskuliner» Werte, und zwar, indem sie von den als «feminin» bezeichneten Eigenschaften deutlich abgegrenzt werden.

> „For example, European and American men traditionally have been identified through their individual exploits or their jobs while women have been identified by their relationships as wives and mothers." (Ferber/Nelson 1993, S.10).

Bezugnehmend auf Harding, die die Verknüpfungen von objektiver Wissenschaft mit normativen Vorstellungen von «Maskulinität» und «Femininität» für unzulässig erachtet (Harding 1991, S.21), wird auch im Rahmen des Feministischen Konstruktionismus' beabsichtigt, die dualistischen Aufsplitterungen zwischen Objektivität und Subjektivität, zwischen Vernunft und Emotion oder zwischen Geist und Körper zu beseitigen (Ferber/Nelson 1993, S.11). Damit diese das «Geschlechterverhältnis» konstruierenden Mythen entzaubert werden können, müssen vielmehr

> „... women's experiences and ideals (and at least certain aspects of traditional femininity) ... be elevated or *valorized*; in some cases where gender systems used to be different, they must be *revalorized*." (Ferber/Nelson 1993, S.10).

Das überwältigende Vertrauen der Ökonomen in das mathematische Modell der individuellen Wahlhandlung hat, wie Nelson zeigt, nicht nur zum Ausschluß anderer Ansätze geführt, sondern darüber hinaus dazu beigetragen, den verzerrten Blick auf die Kategorie «gender» festzuschreiben (Nelson 1992; 1993).

„My thesis is that dualistic, hierarchical metaphors for gender have permeated the way we think about what economics is, and how it should be done, and that an alternative metaphor provides a more adequate base of understanding." (Nelson 1992, S.103).

Metaphern beeinflussen das Verstehen und das Handeln, so daß Nelson sie als eine *kulturelle Variable der Geschlechtsidentität* (Nelson 1992, S.104) bestimmt. Die Metaphern, die in der Ökonomik verwendet werden, sind «maskuline» und haben dazu geführt, daß sich die ökonomische Analyse (mit Ausnahme der New Home Economics) auf marktvermittelte Güter und Dienstleistungen beschränkt und alle Notwendigkeiten und Zweckmäßigkeiten, die das Leben erhalten und verbessern, ausblendet (Nelson 1993, S.28f.). Dies zeigt sich im Menschenbild der mainstream economics, denn der «homo oeconomicus»

„... has no childhood or old age, no dependence on anyone, no responsibility for anyone but himself. The environment has no effect on him, but rather is merely the passive material, presented as 'constraints', over which his rationality has play." (Nelson 1992, S.115).

Dieses Menschenbild verdeutlicht, so Nelson, daß „... science has been socially constructed to conform to a particular image of masculinity" (Nelson 1992, S.108), und daß in der Ökonomik die mainstream economics eine Theorietradition repräsentieren, die „... deals with concepts of the individual, acitivity, choice, and competition that are identified in our culture with masculinity." (Nelson 1992, S.110). Deshalb argumentiert Nelson, daß der Gegenstandsbereich der herkömmlichen Ökonomik metaphorisch mit der hierarchischen, dualistischen Konzeption von «gender» und einer Bevorzugung eines spezifischen Modells der «Maskulinität» verknüpft ist (Nelson 1992, S.107)[47].

„The hierarchical nature of the dualism – the systematic devaluation of females and whatever is metaphorically understood as 'feminine' – is what I identify as sexism. Seen in this way, sexism is a cultural and even a cognitive habit, not just an isolated personal trait." (Nelson 1992, S.106).

---

47 Als Beispiel für diesen hierarchischen Dualismus führt Nelson an, daß Frauen zwar Hosen tragen können, Männer aber keine Röcke (Nelson 1992, S.106).

Damit aktuelle oder erkennbare Unterschiede zwischen Männern und Frauen als *kulturelle Konstruktionen* und von daher als veränderbar bestimmt werden können, versucht Nelson eine Perspektive zu entwickeln, die mit neuen Metaphern den hierarchischen Dualismus beseitigen soll (Nelson 1992, S. 110ff.):

> „The direction I suggest for economics is 'feminist' in that it revalues the concepts metaphorically associated with femaleness. It is, however, distinct from what some might call a 'feminine' approach to economics, in which one simply emphasizes those stereotypically feminine characteristics that have been neglected in the current construction of science." (Nelson 1992, S. 121).

Die Ausweitung des Gegenstandsbereichs der ökonomischen Theorie auf die „Study of Provisioning" (Nelson 1993) ist für Nelson ein erster Schritt in diese Richtung. Allerdings sind, so Nelson, die Voraussetzungen dafür, daß die ökonomischen Handlungen, die auf die nichtmarktvermittelte Versorgung ausgerichtet sind, in die Ökonomik eingebunden werden können noch nicht geschaffen. Die dominante Konzeption von «gender» als ein hierarchischer Dualismus kann nur aufgelöst werden, wenn die rational-ökonomischen Grundbegriffe und Kategorien entsprechend erweitert werden. Aus diesem Grund plädiert Nelson dafür, den Begriff Ökonomik erst einmal folgendermaßen zu kultivieren:

> „Let us start by speaking of the mathematical theory of individual choice as 'the mathematical theory of individual choice' instead of as 'economic theory', of the choice-theoretic approach as 'the choice-theoretic approach' instead of as 'the economic approach'." (Nelson 1993, S. 34).

Die qualitative Neuerung, die Nelsons konstruktionistischer Versuch hervorbringt, besteht darin, daß sie zeigt, daß es hinsichtlich der Entfaltung einer Feministischen Ökonomik als erstes darum gehen muß, die normativen Wertvorstellungen der traditionellen Ökonomik offenzulegen und den hierarchischen Dualismus aufzulösen, um dann in einem zweiten Schritt nicht «weibliche», sondern «feminine» Metaphern zu entwickeln und als neue Begriffe und Kategorien theoretisch zu bestimmen.

6. Schlußbetrachtung

> „Es gibt nicht die Möglichkeit, eine Frau
> zu *sein*, weil dies hieße, zu einem Ding,
> endgültig zum Anderen zu werden und
> die spezifische Qualität des Bewußt-
> seins zu verlieren. Es gibt die Möglich-
> keit, im Netz der Zuschreibungen und
> Einschränkungen, der Anforderungen
> und Verlockungen immerzu und immer
> neu Frau zu *werden*, sich um die Ein-
> lösung des gesetzten Daseins als ein
> Anderes zu bemühen – und es gibt die
> Möglichkeit, diese Bemühung als Verrat
> an der eigenen Freiheit zu erkennen
> und damit aufzuhören. Selbsterfahrung
> ist so – wenn wir sie wählen – der erste
> Schritt zur Befreiung und der wich-
> tigste."
> Carol Hagemann-White 1992, S.47

Die von Carol Hagemann-White im Anschluß an Simone de Beauvoir als Verrat an der eigenen Freiheit bezeichnete Bemühung, «Frau» zu werden, zu entdecken und aufzugeben, ist nicht nur der erste und wichtigste Schritt zur Selbsterfahrung, sondern zugleich eine Voraussetzung dafür, bestehende Ungleichheiten zwischen Männern und Frauen als sozial konstruierte und veränderbare Verhältnisse zu erkennen.

Das Netz der Zuschreibungen, Einschränkungen, Anforderungen und Verlockungen, das Wissenschaftler gesponnen haben, ist zwar engmaschig, läßt aber ihre androzen-tristischen und sexistischen Positionen klar durchscheinen. Dieses Netz, das bereits morsch und löcherig geworden ist, gilt es endgültig zu zerreißen, und statt dessen ein Netz zu spinnen, das weder eine Frau noch einen Mann entweder an eine als «weiblich» oder als «männlich» bestimmte Geschlechtsidentität knebelt und sie in die ökonomischen Rollen Hausfrau oder Ernährer zwängt, sondern vielmehr die komplexen Zusammenhänge zwischen «femininen» und «maskulinen» Eigenschaften einfängt und darauf verzichtet, diese Eigenschaften direkt einer Frau oder einem Mann zuzuordnen.

Mit der Bestimmung des Verhältnisses zwischen Mann und Frau als eine soziale Beziehung, die durch die Gesellschaft und insbesondere durch Ökonomie und Politik gestaltet wird, haben John Stuart Mill und Harriet Taylor Mill die erste Masche für ein solches Netz geknüpft. Die besondere Bedeutung dieser Konzeption besteht darin, daß mit der Charakterisierung des «Geschlechterverhältnisses» als soziales Verhältnis der Prozeßcharakter ökonomischer und politischer Entwicklungen theoretisch erschlossen werden kann.

Dieses Geflecht erweitert hat Alice Salomon. Ihre Auseinandersetzung mit dem Zusammenhang zwischen den Ursachen der geschlechtlich unterschiedlichen Entlohnung und der Zugehörigkeit zu einem Geschlecht war ein wichtiger Anstoß für weitere Fragen nach der Bedeutung von «Geschlechtlichkeit» in der Ökonomik.

Konzeptionell miteinander verflochten hat diese Fäden Simone de Beauvoir. Durch die Verbindung von theoretischen mit lebensweltlichen Aspekten hat Beauvoir eine Methode gefunden, die einen analytischen Bezugsrahmen für alle nachfolgenden Auseinandersetzungen mit der Kategorie «Geschlechtlichkeit» zur Verfügung gestellt hat. Beauvoirs Anliegen war, monistische Sichtweisen auf die Frau, wie sie der Freud'schen Psychoanalyse und dem Marx'schen Theorieentwurf zugrunde liegen, zu revidieren, indem sie die menschliche Realität zweidimensional, d.h. auf eine «maskuline» und eine «feminine» Existenz bezogen, begreift. Beauvoir deutet biologische «Differenzen» kulturell aus, weil nur durch die Bezugnahme auf sozial vereinbarte Kriterien zur Bestimmung der «Geschlechtlichkeit» als Körperlichkeit, wie Gebär- bzw. Zeugungsfähigkeit, eine Unterscheidung zwischen «weiblichen» und «männlichen» Individuen überhaupt möglich ist, und bestimmt die Beziehung zwischen Mann und Frau als historisch entstandenes soziales (und damit auch als

138

ökonomisches) Verhältnis. Mit dem Versuch, die mit «männlichen» Vorurteilen behafteten Forschungsergebnisse neu zu deuten, hat Beauvoir methodologisch die Möglichkeit eröffnet, Vorurteile als implizite Wertungen zu charakterisieren, die aus verzerrten Sichtweisen in bezug auf die Menschen resultieren. Heute, vor dem Hintergrund aktueller diskurstheoretischer Debatten, zeigt sich, daß Beauvoir ein stabiles Gewebe geschaffen hat, das darüber hinaus durch Aktualität und Modernität beeindruckt.

Im Rahmen der «Hausarbeitsdebatte» wurde die von Beauvoir gestellte Frage, warum die «Differenz» die Beziehung zwischen Mann und Frau formt und diese zu einer Herrschaftsbeziehung macht, obwohl sich neuzeitliche demokratische Gesellschaften am Gleichheitsgrundsatz orientieren, von der Feministischen Forschung aufgegriffen und weiterentwickelt. Wenngleich die werttheoretische Einbindung der «Hausarbeit» mißlungen ist, so war der Versuch, den «Arbeitsbegriff» der Marx'schen Theorie auf die unbezahlt geleistete Arbeit im Familienhaushalt auszudehnen, dennoch nicht ergebnislos. Die in diesem Kontext gestellte Frage nach der Bedeutung von «Geschlechtlichkeit» verweist auf die Notwendigkeit einer Theorie der «Differenz», um die vor allem von Frauen geleistete «Hausarbeit» überhaupt theoretisch erfassen zu können.

Die von ehemaligen Repräsentantinnen der «Hausarbeitsdebatte», Nancy Folbre, Heidi Hartmann und Ursula Beer, Ende der achtziger Jahre begonnene Auseinandersetzung mit den Grundannahmen der Ökonomik zeigt, daß die dualistische Aufspaltung zwischen Eigennutz und Altruismus verhindert, daß sozial konstruierte Ungleichheit zwischen den Geschlechtern im Rahmen ökonomischer Theoriebildung erklärt werden kann. Mit der Erweiterung des Marx'schen Theorieentwurfs um die Kategorie «gender» zeigen Nancy Folbre und Heidi Hartmann einen Weg, mit dem die Komplexität menschlichen Handelns und die patriarchalen Verhältnisse in der Familie berücksichtigt werden können.

Durch die konzeptionelle Verknüpfung von gesellschaftlichen Strukturen mit der Geschichte stellt Ursula Beer heraus, inwieweit durch das Vorhandensein eines „beruflichen und familialen Sekundärpatriarchalismus'" die soziale Ungleichheit gegenüber Frauen doppelt strukturiert und daß das «Geschlechterverhältnis», verstanden als hierarchisches Verhältnis zwischen den Geschlechtern, elementarer Bestandteil der marktvermittelten Ökonomie ist.

Beiden letztgenannten Positionen ist gemeinsam, daß rational-ökonomische bzw. individualistische Sichtweisen als zu eng begriffen werden und deshalb nach Erklärungen gesucht wird, die die geschlechtsspezifische Strukturierung der Gesellschaft mit einbeziehen. In Abgrenzung gegenüber dem methodologischen Individualismus der mainstream economics versuchen sowohl Folbre und Hartmann als auch Beer, komplexere Erklärungsmuster zu entfalten, die die bestehenden Ungleichheiten zwischen Männern und Frauen als sozial konstruierte bzw. konstituierte Sachverhalte erfassen, wodurch das «Geschlechterverhältnis» als Kategorie in die ökonomische Theoriebildung eingebunden werden kann.

Regine Gildemeister, Angelika Wetterer und Carol Hagemann-White entwickeln mit der Annahme, daß es lediglich verschiedene kulturelle Konstruktion von «Geschlechtlichkeit» gibt, den Faden der Beauvoir'schen Analyse weiter und liefern damit eine weitere Bedingung zur konzeptionellen Berücksichtigung des «Geschlechterverhältnisses». Die neue methodische Anforderung an die ökonomische Theorie besteht darin, bei der Erklärung sozialer Ungleichheit zwischen Männern und Frauen, wie der Diskriminierung auf dem Erwerbsarbeitsmarkt oder der geschlechtsspezifischen Arbeitsteilung, auf eindeutige, naturhafte und unveränderbare Deutungen von «Geschlechtlichkeit» sowie des «Geschlechterverhältnisses» zu verzichten.

Mit der Ausweitung des Gegenstandsbereichs der ökonomischen Theorie auf die geschlechtsspezifische Arbeitsteilung und der Bewertung der «Hausarbeit» hat Becker neue Zuschreibungen, Einschränkungen und Verlockungen formuliert und damit zugleich das Menschenbild der mainstream economics modifiziert. Der «homo oeconomicus» hat eine geschlechtliche Komponente bekommen; er ist jetzt entweder ein Mann oder eine Frau. Das rational-ökonomisch relevante Unterscheidungsmerkmal ist nach Becker die biologische «Differenz», denn diese Bezugnahme schafft nicht nur die Grundlage für geschlechtlich unterscheidbare Präferenzen, die im Rahmen einer Ehe als komplementär interpretiert werden, sondern auch die Möglichkeit, die aus der geschlechtsspezifischen Arbeitsteilung resultierenden unterschiedlichen Erfahrungen und Investitionen in das Humankapital einzufangen. Daß ein neuer ökonomischer Arbeitsbereich, der Familienhaushalt, im Prozeß der Trennung zwischen bezahlter und unbezahlter Arbeit aus der Doppelung der ökonomischen Rollen «Arbeitskraft» und «Konsumentin» entsteht, wird in dieser Komplexität allerdings nicht erfaßt. Becker leitet die zentrale Prämisse seines Erklärungsansatzes letztlich aus naturhaften Deutungen des «Geschlechterverhältnisses» ab und offenbart damit die entscheidende Schwachstelle: Die Vermischung von biologischen mit sozialen Sachverhalten verschleiert die normative Deutung des «Geschlechterverhältnisses».

Es geht also darum, sich endgültig von rational-ökonomischen Erklärungsmustern zu verabschieden, die, wie die New Home Economics, die Menschen als ausschließlich eigeninteressiert bestimmen, sie auf ihre «biologische Erstausstattung» reduzieren und Veränderungen im «Geschlechterverhältnis» nicht erklären können. Eine wesentliche Voraussetzung dafür, daß das «Geschlechterverhältnis» nicht nur als eine naturhafte Beziehung, sondern als ein soziales und veränderbares Verhältnis angesehen werden kann, ist die Ausweitung des engen Rationalitätsverständnisses der traditionellen Ökonomik. Dies versuchen sozio- und sozialökonomische Konzeptionen, indem sie das traditionelle Rationalitätsverständnis unter Bezugnahme auf ethische und kulturelle Wertvorstellungen erweitern.

Amitai Etzioni verändert mit der Annahme einer doppelten Präferenzstruktur das eindimensionale Rationalitätskonzept und schafft damit eine Möglichkeit, Wandlungen in den Wertorientierungen zu erfassen. Durch die Verknüpfung des Handlungsmodells mit Moralkriterien, insbesondere durch das Zugrundelegen symmetrischer Grundsätze, die die Anerkennung gleichen Status' oder gleicher Rechte einfordern, wird eine Grundlage geschaffen, die nicht nur das «Geschlechterverhältnis» als ein sozial entstandenes Verhältnis, sondern ebenso Veränderungen theoretisch behandeln kann.

Mit der Anwendung des Konzepts der sozialen Konstruktion von Realität auf die Ökonomik liefert Mark Granovetter eine Voraussetzung dafür, daß die Menschen in ihrer je spezifischen Wirklichkeit und die konkreten Handlungen in ihrer Vielfältigkeit analysiert werden können. Obwohl auch Granovetter sich ebenso wie Etzioni nicht explizit mit der Bedeutung von «Geschlechtlichkeit» und des «Geschlechterverhältnisses» auseinandersetzt, wird eine methodische Parallele zur Feministischen Forschung deutlich: Die Beziehungen der Menschen sind soziale Prozesse, die von ihnen selbst hervorgebracht, gestaltet und verändert werden. Mit der Bestimmung ökonomischer Institutionen als geronnene soziale Netzwerke schafft Granovetter die Möglichkeit, auch das «Geschlechterverhältnis» als ein sozial konstruiertes Verhältnis zu begreifen und als solches in den ökonomischen Institutionen Familienhaushalt und Erwerbsarbeitsmarkt zu untersuchen.

Ebenso wie Becker entdecken auch Jürgen Habermas und Peter Ulrich über die Auseinandersetzung mit der geschlechtsspezifischen Arbeitsteilung Eigenschaften, die sie in Beziehung zu Männern und Frauen setzen und sie als zueinander komplementär charakterisieren.

Ulrich, der dafür plädiert, die ökonomische Rationalität wieder an die lebensweltlichen Bedürfnisse der Menschen zu koppeln, setzt auf die kontrastierenden Tugenden von Frauen, auf die «weibliche» Werteordnung und die «weibliche» Vernunft, um gegenwärtige und zukünftige wirtschaftliche Krisen bewältigen zu können. Die Bestimmung der gesellschaftlichen Technisierung als „Vermännlichung der Kultur" einerseits und der gesellschaftlichen Kommunikation als „Verweiblichung der Kultur" andererseits liefert Ulrich die Grundlage zur Erweiterung und Anbindung der ökonomischen Rationalität an die praktischen Kriterien des „guten Lebens". Über die Ausdifferenzierung ökonomischer Handlungen in systemischer und lebensweltlicher Hinsicht ist auch die geschlechtsspezifische Arbeitsteilung ins Blickfeld gelangt. Im dualistischen Entwurf einer Praktischen Sozialökonomie ist das «Geschlechterverhältnis» nicht einfach gegeben, sondern ist ein historisch entstandenes, soziales Verhältnis, das die kulturellen Entwicklungen einer Gesellschaft reflektiert. Damit formt die geschlechtsspezifische Arbeitsteilung nicht nur das «Geschlechterverhältnis», sondern ist zugleich die Ursache dafür, daß sich eine spezifisch «weibliche» und eine spezifisch «männliche» Vernunft herausbilden.

Sowohl Habermas als auch Ulrich sprechen die geschlechtsspezifische Arbeitsteilung an, verzichten jedoch auf eine systematische Auseinandersetzung mit dem «Geschlechterverhältnis», können somit analytisch nichts über die geschlechtshierarchische Strukturierung aussagen, sondern positivieren Prinzipien, die sie als «weibliche» bestimmen und tragen insofern nicht dazu bei, patriarchale Denkweisen aufzulösen.

Die aktuellen diskurstheoretischen Auseinandersetzungen der Feministischen Forschung zeigen, daß es, aufbauend auf Habermas und Ulrich, darum geht, einen kategorialen Rahmen zu schaffen, der nicht nur den Gemeinsamkeiten zwischen dem «Geschlechterverhältnis» und einer staatlich regulierten Wirtschaft gerecht wird, sondern darüber hinaus die methodischen Trennungen auflöst, die dazu beitragen, die soziale Ungleichheit zwischen Männern und Frauen theoretisch festzuschreiben. Diejenige, die dazu beiträgt, das neue Netz zu vervollständigen, ist Julie Nelson. Mit dem Feministischen Konstruktionismus spezifiziert sie das Konzept der sozialen

Konstruktion von Realität, das auch Granovetter der Erklärung ökonomischer Institutionen zugrunde legt, in bezug auf das «Geschlechterverhältnis». Nelson stellt die Beziehung zwischen der sozialen Konstruktion von «gender» und der sozialen Konstruktion von Wissenschaft her und zeigt, daß es vor allem darum geht, die normativen Wertvorstellungen der Wirtschaftstheorie offenzulegen. Der hierarchische Dualismus der Ökonomik kann nur dann revidiert werden, wenn «feminine» Metaphern entwickelt werden, die neue Begriffe und Kategorien hervorbringen, die das «Geschlechterverhältnis» entsprechend der gesellschaftlichen Realität erfassen.

Die Einbindung des «Geschlechterverhältnisses» in die Ökonomik erfordert den konzeptionellen Bruch mit naturhaften Deutungen der Zweigeschlechtlichkeit und die Bestimmung des «Geschlechterverhältnisses» als ein soziales Verhältnis, das von den Menschen selbst hervorgebracht wird und daher auch nur von ihnen verändert werden kann. Allerdings sind die Voraussetzungen, um das «Geschlechterverhältnis» entsprechend den genannten Anforderungen in die ökonomische Theorie einzubinden, noch nicht geschaffen. Der erste und wichtigste Schritt zur Befreiung von androzentristischen und sexistischen Sichtweisen in der Ökonomik ist, gemäß den Ergebnissen meiner Arbeit, die Veränderung der herkömmlichen Begriffe und Kategorien. Mit dem von Beauvoir entfalteten Grundmuster und den vor allem von Hagemann-White, Fraser und Nelson weiterentwickelten Fäden ist ein Netz vorhanden, das es aufgrund der präzisen Verwendung der Begriffe «weiblich» und «männlich» bzw. «feminin» und «maskulin» ermöglicht, sowohl auf biologische Gegebenheiten als auch auf sozial konstruierte und veränderbare Sachverhalte Bezug zu nehmen und damit einseitig verzerrte Deutungen des «Geschlechterverhältnisses» zukünftig zu vermeiden.

Literatur

Amsden, Alice H. (1988): *Frauenarbeit und die tautologische Struktur nationalökonomischer Theoriemodelle*, in: Schaeffer-Hegel, Barbara / Watson-Franke, Barbara (Hg.) (1988): Männer, Mythos, Wissenschaft. Grundlagentexte zur feministischen Wissenschaftskritik, Pfaffenweiler: Centaurus, S.141–161

Amsden, Alice H. (Hg.) (1980): *The Economics of Women and Work*, Harmondsworth: Penguin Books

Anders, Ann (Hg.) (1988): *Autonome Frauen. Schlüsseltexte der Neuen Frauenbewegung seit 1968*, Frankfurt/M.: Athenäum

Apel, Karl-Otto (1973): *Transformation der Philosophie, Bd.2: Das Apriori der Kommunikationsgemeinschaft*, Frankfurt/M.: Suhrkamp

Arendt, Hannah (1981): *Vita Activa oder Vom tätigen Leben*, 5. Aufl. 1981, Piper: München, (Original: The Human Condition, Chicago: University of Chicago Press, 1958)

Backhaus, H.-G. u.a. (Hg.) (1981): *Gesellschaft. Beiträge zur Marxschen Theorie 14*, Frankfurt/M.: Suhrkamp

Barrett, Michèle (1983): *Das unterstellte Geschlecht. Umrisse eines materialistischen Feminismus*, Berlin: Argument, (Original: Women's Oppression Today, London: Verso, 1980)

Beauvoir, Simone de (1974): *Alles in Allem*, Reinbek: Rowohlt

Beauvoir, Simone de (1985): *Das andere Geschlecht. Sitte und Sexus der Frau*, Reinbek: Rowohlt, (Original: Le Deuxième Sexe, Paris: Gallimard, 1949)

Beauvoir, Simone de (1989): *Der Lauf der Dinge*, Reinbek: Rowohlt, (Original: La Force des Choses, Paris: Gallimard, 1963)

Beck-Gernsheim, Elisabeth (1976): *Der geschlechtsspezifische Arbeitsmarkt*, Frankfurt/M.: Campus

Beck-Gernsheim, Elisabeth / Ostner, Ilona (1978): *Frauen verändern – Berufe nicht?*, in: Soziale Welt, Jg.29, Heft 3, S.275–287

Becker, Gary S. (1962): *Investment in Human Capital: A Theoretical Analysis*, in: Journal of Political Economy, Vol.70, No.5, S.9–45

Becker, Gary S. (1964): *Human Capital: A Theoretical and Empirical Analysis*, New York: Columbia University Press

Becker, Gary S. (1965): *A Theory of the Allocation of Time*, in: Economic Journal, Vol.75, No.299, S.493–517

Becker, Gary S. (1971): T*he Economics of Discrimination*, 2. Aufl., Chicago: University of Chicago Press

Becker, Gary S. (1973): *A Theory of Marriage: Part I*, in: Journal of Political Economy, Vol.81, S.813–846

Becker, Gary S. (1981): *A Treatise on the Family*, Cambridge Mass.: Harvard University Press

Becker, Gary S. (1985): *Human Capital, Effort, and the Sexual Division of Labor*, in: Journal of Labor Economics, Vol.3, No.1, S.S33–S58

Becker, Gary S. (1987): *Family*, in: Eatwell, John / Milgate, Murray / Newman, Peter (Hg.) (1987): The New Palgrave. A Dictionary of Economics, Vol.2, London: Macmillan, S.281–286

Becker, Gary S. (1993): *Der ökonomische Ansatz zur Erklärung menschlichen Verhaltens*, 2. Aufl., Tübingen: Mohr, (Original: The Economic Approach to Human Behavior, Chicago, 1976)

Becker, Gary S. / Tomes, Nigel (1986): *Human Capital and the Rise and Fall of Families*, in: Journal of Labor Economics, Vol.4, No.3, S.S1–S39

Becker-Schmidt, Regina (1984): *Probleme einer feministischen Theorie und Empirie in den Sozialwissenschaften*, in: Zentraleinrichtung zur Förderung von Frauenstudien und Frauenforschung an der Freien Universität Berlin (Hg.) (1984): Methoden in der Frauenforschung, Frankfurt/M.: Fischer, S.224–239

Becker-Schmidt, Regina (1987): *Frauen und Deklassierung. Geschlecht und Klasse*, in: Beer, Ursula (Hg.) (1987a): Klasse Geschlecht. Feministische Gesellschaftsanalyse und Wissenschaftskritik, Bielefeld: AJZ, S.187–235

Beer, Ursula (1983): *Marx auf die Füße gestellt? Zum theoretischen Entwurf von Claudia v. Werlhof*, in: Prokla 1983, Nr.52, S.22–37

146

Beer, Ursula (1987b): *Objektivität und Parteilichkeit – ein Widerspruch in feministischer Forschung? Zur Erkenntnisproblematik von Gesellschaftsstruktur*, in: Beer, Ursula (Hg.) (1987a): Klasse Geschlecht. Feministische Gesellschaftsanalyse und Wissenschaftskritik, Bielefeld: AJZ, S.142–186

Beer, Ursula (1990): *Geschlecht, Struktur, Geschichte. Soziale Konstituierung des Geschlechterverhältnisses*, Frankfurt/M.: Campus

Beer, Ursula (Hg.) (1987a): *Klasse Geschlecht. Feministische Gesellschaftsanalyse und Wissenschaftskritik*, Bielefeld: AJZ

Ben-Porath, Yoram (1982): *Economics and the Family – Match or Dismatch? A Review of Becker's A Treatise on the Family*, in: Journal of Economic Literature, Vol.20 (März 1982), S.52–64

Benhabib, Seyla (1993): *Feminismus und Postmoderne. Ein prekäres Bündnis*, in: Benhabib, Seyla / Butler, Judith / Cornell, Drucilla / Fraser, Nancy (1993): Der Streit um die Differenz. Feminismus und Postmoderne in der Gegenwart, Frankfurt/M.: Fischer, S.9–30

Benhabib, Seyla / Butler, Judith / Cornell, Drucilla / Fraser, Nancy (1993): *Der Streit um die Differenz. Feminismus und Postmoderne in der Gegenwart*, Frankfurt/M.: Fischer

Benhabib, Seyla / Cornell, Drucilla (Hg.) (1987): *Feminism as Critique. On the Politics of Gender*, Minneapolis: University of Minneapolis Press

Benjamin, Jessica (1990): *Die Fesseln der Liebe: Psychoanalyse, Feminismus und das Problem der Macht*, Basel u.a.: Stroemfeld/Roter Stern (Original: The Bonds of Love, Psychoanalysis, Feminism, and the Problem of Domination, New York: Pantheon, 1988)

Bennholdt-Thomsen, Veronika (1981): *Subsistenzproduktion und erweiterte Reproduktion. Ein Beitrag zur Produktionsweisendiskussion*, in: Backhaus, H.-G. u.a. (Hg.) (1981): Gesellschaft. Beiträge zur Marxschen Theorie 14, Frankfurt/M.: Suhrkamp, S.30–51

Bennholdt-Thomsen, Veronika (1983): *Die Zukunft der Frauenarbeit und die Gewalt gegen Frauen*, in: Beiträge zur feministischen Theorie und Praxis, Heft 9/10, Köln, S.207-222

147

Bergmann, Barbara R. (1980): *Occupational Segregation, Wages and Profits When Employers Discriminate by Race and Sex*, in: Amsden, Alice H. (Hg.) (1980): The Economics of Women and Work, Harmondsworth: Penguin Books, S.271–282, (Wiederabdruck aus: Eastern Economic Journal, Vol.1, No.2–3, 1974, S.103–110

Biervert, Bernd (1991): *Menschenbilder in der ökonomischen Theoriebildung. Historisch-genetische Grundzüge*, in: Biervert, Bernd / Held, Klaus (Hg.) (1991): Das Menschenbild der ökonomischen Theorie, Frankfurt/M.: Campus, S.42-55

Biervert, Bernd / Held, Klaus (Hg.) (1991): *Das Menschenbild der ökonomischen Theorie*, Frankfurt/M.: Campus

Biervert, Bernd / Held, Klaus / Wieland, Joseph (Hg.) (1990): *Sozialphilosophische Grundlagen ökonomischen Handelns*, Frankfurt/M.: Suhrkamp

Biervert, Bernd / Held, Martin (Hg.) (1987): *Ökonomische Theorie und Ethik*, Frankfurt/M.: Campus

Biervert, Bernd / Held, Martin (Hg.) (1989): *Ethische Grundlagen der ökonomischen Theorie. Eigentum, Verträge, Institutionen*, Frankfurt/M.: Campus

Biervert, Bernd / Wieland, Joseph (1990): *Gegenstandsbereich und Rationalitätsform der Ökonomie und der Ökonomik*, in: Biervert, Bernd / Held, Klaus / Wieland, Joseph (Hg.) (1990): Sozialphilosophische Grundlagen ökonomischen Handelns, Frankfurt/M.: Suhrkamp, S.7-32

Biesecker, Adelheid (1994a): *Ökonomie als Raum sozialen Handelns – Ein grundbegrifflicher Rahmen*, in: Biesecker, Adelheid / Grenzdörffer, Klaus (Hg.) (1994): Ökonomie als Raum sozialen Handelns, Bremen: Donat, S.7–15

Biesecker, Adelheid (1994b): *Familienökonomie als Interferenz – Eine sozial-ökonomische Theorie des Haushalts,* in: Biesecker, Adelheid / Grenzdörffer, Klaus (Hg.) (1994): Ökonomie als Raum sozialen Handelns, Bremen: Donat, S.70-91

Biesecker, Adelheid / Grenzdörffer, Klaus (Hg.) (1994): *Ökonomie als Raum sozialen Handelns*, Bremen: Donat

Biesecker, Adelheid / Wolf, Sabine (1995): *Ökonomie und Geschlechterverhältnis. Stand der Diskussion und Theorieskizze*, in: Seifert, Eberhard K. / Priddat, Birger P. (Hg.) (1995): Neuorientierungen in der ökonomischen Theorie. Zur moralischen, institutionellen und evolutorischen Dimension des Wirtschaftens, Marburg: Metropolis, S.123-152

Blau, Francine D. (1987): *Gender*, in: Eatwell, John / Milgate, Murray / Newman, Peter (Hg.) (1987): The New Palgrave. A Dictionary of Economics, Vol.2, London: Macmillan, S.492-498

Blau, Francine D. / Ferber, Marianne A. (1986): *The Economics of Women, Men, and Work*, Prentice-Hall: Englewood Cliffs

Bock, Gisela / Duden, Barbara (1977): *Arbeit aus Liebe – Liebe als Arbeit? Zur Entstehung der Hausarbeit im Kapitalismus*, in: Frauen und Wissenschaft. Beiträge zur Berliner Sommeruniversität, Berlin: Courage, S.118-199

Braun, Lily (1979): *Die Frauenfrage. Ihre geschichtliche Entwicklung und ihre wirtschaftliche Seite*, Nachdruck der 1. Aufl. Leipzig 1901, Berlin: Dietz

Burgard, Roswitha / Karsten, Gaby (1981): *Die Märchenonkel der Frauenfrage: Friedrich Engels und August Bebel*, Berlin: Sub Rosa Frauenpresse

Bürgenmeier, Beat (1992): *Socio-Economics: An Interdisciplinary Approach. Ethics, Institutions, and Marktes*, Bosten u.a.: Kluwer

Butler, Judith (1991): *Das Unbehagen der Geschlechter*, Frankfurt/M.: Suhrkamp, (Original: Gender Trouble, Routledge, 1990)

Dalla Costa, Mariarosa (1973): *Die Frauen und der Umsturz der Gesellschaft*, in: Dalla Costa, Mariarosa / James, Selma: Die Macht der Frauen und der Umsturz der Gesellschaft. Internationale Marxistische Diskussion 36, Berlin: Merve, S.27-66

Delphy, Christine (1985): *Hausarbeit oder Haus–Dienstarbeit*, in: Schwarzer, Alice (Hg.) (1985): Lohn: Liebe. Zum Wert der Frauenarbeit, Erstausgabe 1973, Frankfurt/M.: Suhrkamp, S.173-186

Der Spiegel Nr.22/1992: Wutgeheul aus Männerseelen, S.68-84

Dick, Jutta / Sassenberg, Marina (Hg.) (1993): *Jüdische Frauen im 19. und 20. Jahrhundert. Lexikon zu Leben und Werk*, Reinbek: Rowohlt

Engels, Friedrich (1984): *Der Ursprung der Familie, des Privateigentums und des Staats. Im Anschluß an Lewis H. Morgan's Forschungen*. Nach der 4. erg. Aufl. Stuttgart 1892, in: Marx-Engels-Werke Bd.21, 8. Aufl. Berlin: Dietz, S.27-173

Erler, Gisela (1985): *Frauenzimmer. Für eine Politik des Unterschieds*, Berlin: Wagenbach

149

Etzioni, Amitai (1988): *The Moral Dimension. Toward a New Economics*, New York: Free Press

Etzioni, Amitai (1990): *Toward a Deontological Socioeconomics*, in: Lutz, Mark A. (Hg.) (1990): Social Economics: Retrospect and Prospect, Bosten: Kluwer, S.221-233

Etzioni, Amitai (1991): *Contemporary Liberals, Communitarians, and Individual Choices*, in: Etzioni, Amitai / Lawrence, Paul R. (Hg.) (1991): Socio-Economics. Toward a New Synthesis, London: Sharpe, S.59-73

Etzioni, Amitai (1993): *Über den Eigennutz hinaus*, in: Wieland, Joseph (Hg.) (1993): Die Entdeckung der Ökonomie. Kategorien, Gegenstandsbereiche und Rationalitätstypen der Ökonomie an ihrem Ursprung, Stuttgart: Haupt, S.109-133

Etzioni, Amitai / Lawrence, Paul R. (Hg.) (1991): *Socio–Economics. Toward a New Synthesis*, London: Sharpe

Feess-Dörr, Eberhard (1991): *Mikroökonomie. Eine Einführung in die neoklassische und die klassisch-neoricardianische Preis- und Verteilungstheorie*, Marburg: Metropolis

Ferber, Marianne A. / Nelson, Julie A. (1993): *Introduction: The Social Construction of Economics and the Social Construction of Gender*, in: Ferber, Marianne A. / Nelson, Julie A. (Hg.) (1993): Beyond Economic Man. Feminist Theory and Economics, Chicago: University of Chicago Press, S.1-22

Ferber, Marianne A. / Nelson, Julie A. (Hg.) (1993): *Beyond Economic Man. Feminist Theory and Economics*, Chicago: University of Chicago Press

Firestone, Shulamith (1975): *Frauenbefreiung und sexuelle Revolution*, Frankfurt/M.: Fischer, (Original: The Dialectic of Sex, New York 1970)

Folbre, Nancy (1982): *Exploitation Comes Home: A Critique of the Marxian Theory of Family Labour*, in: Cambridge Journal of Economics Vol.6, No.4, S. 317-329

Folbre, Nancy / Hartmann, Heidi (1988): *The Rhetoric of Self-Interest: Ideology and Gender in Economic Theory*, in: Klammer, Arjo / McCloskey, Donald / Solow, Robert (Hg.) (1988): The Consequences of Economic Rhetoric, Cambridge u.a.: Cambridge University Press, S.184-203

Foucault, Michel (1983): *Sexualität und Wahrheit 1: Der Wille zum Wissen*, Frankfurt/M.: Suhrkamp, (Original: Histoire de la sexualité I: La volonté de savoir, Paris: Gallimard, 1976)

Foucault, Michel (1993a): *Sexualität und Wahrheit 2: Der Gebrauch der Lüste*, Frankfurt/M.: Suhrkamp, (Original: Histoire de la sexualité. Vol.2. L'usage des plaisirs, Paris: Gallimard, 1984)

Foucault, Michel (1993b): *Sexualität und Wahrheit 3: Die Sorge um sich*, Frankfurt/M.: Suhrkamp, (Original: Histoire de la sexualité. Vol.3. Le souci de soi, Paris: Gallimard, 1984)

Fox Keller, Evelyn (1989): *Feminismus und Wissenschaft*, in: List, Elisabeth / Studer, Herlinde (Hg.) (1989): Denkverhältnisse. Feminismus und Kritik, Frankfurt/M.: Suhrkamp, S.281-300

Fraser, Nancy (1992): *Was ist kritisch an der Kritischen Theorie? Habermas und die Geschlechterfrage*, in: Ostner, Ilona / Lichtblau, Klaus (Hg.) (1992): Feministische Vernunftkritik. Ansätze und Traditionen, Frankfurt/M.: Campus, S.99-146

Friedan, Betty (1970): *Der Weiblichkeitswahn oder die Selbstbefreiung der Frau. Ein Emanzipationskonzept*, Reinbek: Rowohlt, (Original: The Feminine Mystique, New York, 1963)

Galler, Heinz P. / Ott, Notburga (1992): *Der private Haushalt als ökonomische Institution. Neuere Entwicklungen in der mikroökonomischen Haushaltstheorie*, in: Gräbe, Sylvia (Hg.) (1992): Der private Haushalt im wissenschaftlichen Diskurs, Frankfurt/M.: Campus, S.109-139

Gerhard, Ute (1978): *Verhältnisse und Verhinderungen. Frauenarbeit, Familie und Rechte der Frau im 19. Jahrhundert*, Frankfurt/M.: Suhrkamp

Gildemeister, Regine (1992): *Die soziale Konstruktion von Geschlechtlichkeit*, in: Ostner, Ilona / Lichtblau, Klaus (Hg.) (1992): Feministische Vernunftkritik. Ansätze und Traditionen, Frankfurt/M.: Campus, S.220-239

Gildemeister, Regine / Wetterer, Angelika (1992): *Wie Geschlechter gemacht werden. Die soziale Konstruktion der Zweigeschlechtlichkeit und ihre Reifikation in der Frauenforschung*, in: Knapp, Gudrun-Axeli / Wetterer, Angelika (1992): TraditionenBrüche. Entwicklungen feministischer Theorie, Freiburg: Kore, S.201-254

Granovetter, Mark (1991): *The Social Construction of Economic Institutions*, in: Etzioni, Amitai / Lawrence, Paul R. (Hg.) (1991): Socio-Economics. Toward a New Synthesis, London: Sharpe, S.75-81

Granovetter, Mark (1992): *Economic Action and Social Structure: The Problem of Embeddedness*, in: Granovetter, Mark / Swedberg, Richard (1992): The Sociology of Economic Life, Boulder u.a.: Westview Press, S.53-81, (Wiederabdruck aus: American Journal of Sociology 91, 1985, S.481-519)

Granovetter, Mark / Swedberg, Richard (Hg.) (1992): *The Sociology of Economic Life*, Boulder u.a.: Westview Press

Grözinger, Gerd / Schubert, Renate / Backhaus, Jürgen (Hg.) (1993): *Jenseits von Diskriminierung – Zu den Bedingungen weiblicher Arbeit in Beruf und Familie*, Marburg: Metropolis

Gustafsson, Siv (1993a): *Getrennte Besteuerung und subventionierte Kinderbetreuung. Warum schwedische Frauen häufiger erwerbstätig sind als Frauen in Deutschland, den Niederlanden und den USA*, in: Grözinger, Gerd / Schubert, Renate / Backhaus, Jürgen (Hg.) (1993): Jenseits von Diskriminierung – Zu den Bedingungen weiblicher Arbeit in Beruf und Familie, Marburg: Metropolis, S.237-260

Gustafsson, Siv (1993b): *Women in Neoclassical Theory*, paper presented at the international scientific conference „Out of the Margin", Amsterdam: Unveröffentlichtes Manuskript

Habermas, Jürgen (1988a): *Theorie des kommunikativen Handelns, Bd.1: Handlungsrationalität und gesellschaftliche Rationalisierung*, Erstausgabe 1981, Frankfurt/M.: Suhrkamp

Habermas, Jürgen (1988b): *Theorie des kommunikativen Handelns, Bd.2: Zur Kritik der funktionalistischen Vernunft*, Erstausgabe 1981, Frankfurt/M.: Suhrkamp

Hagemann-White, Carol (1988): *Wir werden nicht zweigeschlechtlich geboren* ..., in: Hagemann-White, Carol / Rerrich, Maria (Hg.) (1988): FrauenMännerBilder. Männer und Männlichkeit in der feministischen Diskussion, Bielefeld: AJZ, S.224-235

Hagemann-White, Carol (1992): *Simone de Beauvoir und der existentialistische Feminismus*, in: Knapp, Gudrun-Axeli / Wetterer, Angelika (1992): TraditionenBrüche. Entwicklungen feministischer Theorie, Freiburg: Kore, S.21-64

Hannan, Michael T. (1982): *Families, Markets, and Social Structure: An Essay on Becker's A Treatise on the Family*, in: Journal of Economic Literature, Vol.20 (März 1982), S.65-72

Harding, Sandra (1988): *Männliche Erfahrungen und die Normen sozialwissenschaftlicher Erkenntnis*, in: Schaeffer-Hegel, Barbara / Watson-Franke, Barbara (Hg.) (1988): Männer, Mythos, Wissenschaft. Grundlagentexte zur feministischen Wissenschaftskritik, Pfaffenweiler: Centaurus, S.223-244

Harding, Sandra (1989): *Geschlechtsidentität und Rationalitätskonzeptionen. Eine Problemübersicht*, in: List, Elisabeth / Studer, Herlinde (Hg.) (1989): Denkverhältnisse. Feminismus und Kritik, Frankfurt/M.: Suhrkamp., S.425-453

Harding, Sandra (1991): *Feministische Wissenschaftskritik. Zum Verhältnis von Wissenschaft und sozialem Geschlecht*, 2. Aufl., Hamburg: Argument, (Original: The Science Question in Feminism, Cornell University, 1986)

Harding, Sandra / Hintikka, Merrill (Hg.) (1983): *Discovering Reality: Feminist Perspectives on Epistemology, Metaphysics and Philosophy of Science*, Dortrecht: Reidel

Hartfiel, Günter (1968): *Wirtschaftliche und soziale Rationalität. Untersuchungen zum Menschenbild in Ökonomie und Soziologie*, Stuttgart: Enke

Hartmann, Heidi (Hg.) (1985): *Comparable Worth. New Directions for Research*, Washington, National Academy Press

Hartmann, Heidi I. (1981): *The Family as a Locus of Gender, Class, and Political Struggle: The Example of Housework*, in: Signs: Journal of Women in Culture and History, Vol.6, No.3, S.366-394

Hartwig, Karl-Hans (1993): *Partnerschaften – Ökonomie zwischenmenschlicher Beziehungen*, in: Ramb, Bernd-Thomas / Tietzel, Manfred (1993): Ökonomische Verhaltenstheorie, München: Vahlen, S.33-61

Hausen, Karin / Nowotny, Helga (Hg.) (1986): *Wie männlich ist die Wissenschaft?*, Frankfurt/M.: Suhrkamp

Heath, Julia A. / Ciscel, David H. (1988): *Patriarchy, Family Structure and the Exploitation of Women's Labor*, in: Journal of Economic Issues, Vol.22, No.3, S.781-794

Himmelweit, Susan / Mohun, Simon (1977): *Domestic Labor and Capital*, in: Cambridge Journal of Economics, Vol.1, No.1, S.15-31

Hirschman, Albert O. (1987): *Leidenschaften und Interessen. Politische Begründungen des Kapitalismus vor seinem Sieg*, Frankfurt/M.: Suhrkamp, (Original: The Passions and the Interests. Political Arguments for Capitalism before its Triumph, Princeton, 1977)

Hirschman, Albert O. (1993): *Entwicklung, Markt und Moral. Abweichende Betrachtungen*, Frankfurt/M.: Fischer, (Wiederabdruck aus: Economics and Philosophy 1, 1985)

Humm, Maggie (Hg.) (1992): *Feminisms. A Reader*, London u.a.: Harvester Wheatsheaf

Humphries, Jane (1980): *Class Struggle and the Persistence of the Working Class Family*, in: Amsden, Alice (Hg.) (1980): The Economics of Women and Work, Harmondsworth: Penguin Books, S.140-165, (Wiederabdruck aus: Cambridge Journal of Economics Vol.1, 1977, S.241-258)

Janssen-Jurreit, Marielouise (1985): *Sexismus. Über die Abtreibung der Frauenfrage*, Erstausgabe 1976, Frankfurt/M.: Fischer

Katterle, Siegfried (1991): *Methodologischer Individualismus and Beyond*, in: Biervert, Bernd / Held, Martin (Hg.) (1991): Das Menschenbild der ökonomischen Theorie, Frankfurt/M.: Campus, S.132-152

Kelly Gadol, Joan (1976): *The Social Relations of the Sexes. Methodological Implications of Women's History*, in: Signs: Journal of Women in Culture and History, Vol.1, No.1, S.809-823

Kelly Gadol, Joan (1988): *Soziale Beziehungen der Geschlechter. Methodologische Implikationen einer feministischen Geschichtsbetrachtung*, in: Schaeffer-Hegel, Barbara / Watson-Franke, Barbara (Hg.) (1988), Männer, Mythos, Wissenschaft. Grundlagentexte zur feministischen Wissenschaftskritik, Pfaffenweiler: Centaurus, S.17-32

Knapp, Gudrun-Axeli (1988): *Die vergessene Differenz*, in: Feministische Studien, Heft 1, 1988, S. 12-31

Knapp, Ulla (1986): *Homo Oeconomicus – oder: warum Frauen in der Wirtschaftswissenschaft nicht vorkommen*, in: Schlüter, Anne / Kuhn, Annette (Hg.) (1986): Lila Schwarzbuch. Zur Diskriminierung von Frauen in der Wissenschaft, Düsseldorf: Schwann, S.180-195

Knobloch, Ulrike (1993): *Eine andere Wirtschaftsethik? Die Bedeutung der Frauenfrage für die Begründung einer grundlagenkritischen Wirtschaftsethik*, Beiträge und Berichte des Instituts für Wirtschaftsethik der Hochschule St. Gallen, Nr.59, St. Gallen

Kontos, Silvia / Walser, Karin (1979): *... weil nur zählt, was Geld einbringt. Probleme der Hausfrauenarbeit*, Gelnhausen: Burckhardthaus-Laetare

Krüsselberg, Hans-Günter / Auge, Michael / Hilzenbecher, Manfred (1986): *Verhaltens-hypothesen und Familienzeitbudgets – Die Ansatzpunkte der „Neuen Haushaltsöko-nomik" für Familienpolitik*, hrsg. vom Bundesministerium für Jugend, Familie und Gesundheit, Stuttgart u.a.: Kohlhammer

Kuhn, Annette / Rüsen, Jörn (Hg.) (1982): *Frauen in der Geschichte II. Fachwissenschaft-liche und fachdidaktische Beiträge zur Sozialgeschichte der Frauen vom frühen Mittelalter bis zur Gegenwart*, Düsseldorf: Schwann

Kuhn, Annette / Schneider, Gerhard (Hg.) (1979): *Frauen in der Geschichte I. Frauen-rechte und die gesellschaftliche Arbeit der Frauen im Wandel*, Düsseldorf: Schwann

Kulke, Christine (1988): *Von der instrumentellen zur kommunikativen Rationalität pa-triarchaler Herrschaft*, in: Kulke, Christine (Hg.) (1988): Rationalität und sinnliche Vernunft. Frauen in der patriarchalen Realität, Pfaffenweiler: Centaurus, S.55-70

Kulke, Christine (1990): *Die Politik instrumenteller Rationalität und die instrumentelle Rationalität von Politik – eine Dialektik des Geschlechterverhältnisses?*, in: Nagl-Docekal, Herta / Pauer-Studer, Herlinde (Hg.) (1990): Denken der Geschlechter-differenz, Wien: Wiener Frauenverlag, S.71-87

Lancaster, Kelvin J. (1966): *A New Approach to Consumer Theory*, in: Journal of Political Economy, Vol.74, S.132-157

Libreria delle Donne di Milano (Hg.) (1988): *Wie weibliche Freiheit entsteht. Eine neue politische Praxis*, Berlin: Orlanda

List, Elisabeth (1989): *Denkverhältnisse. Feminismus als Kritik*, in: List, Elisabeth / Studer, Herlinde (Hg.) (1989): Denkverhältnisse. Feminismus und Kritik, Frank-furt/M.: Suhrkamp, S.7-34

List, Elisabeth / Studer, Herlinde (Hg.) (1989): *Denkverhältnisse. Feminismus und Kritik*, Frankfurt/M.: Suhrkamp

Lorber, Judith / Farrell, Susan A. (Hg.) (1991): *The Social Construction of Gender*, Newbury Park u.a.: Sage

MacKinnon, Catherine (1989): *Feminismus, Marxismus, Methode und der Staat: Ein Theorieprogramm*, in: List, Elisabeth / Studer, Herlinde (Hg.) (1989): Denkverhält-nisse. Feminismus und Kritik, Frankfurt/M.: Suhrkamp, S.86-132

Maier, Friederike (1993): *Homo oeconomicus – Zur geschlechtsspezifischen Konstruktion der Wirtschaftswissenschaften*, in: Prokla, Heft 93, Nr.4, 1993, S.551-571

155

Marx, Karl (1984): *Das Kapital. Kritik der politischen Ökonomie. Bd.I, Buch I: Der Produktionsprozeß des Kapitals*, nach der 4. Aufl. Hamburg 1890, in: Marx-Engels-Werke Bd.23, 15. Aufl. Berlin: Dietz

Marx, Karl / Engels, Friedrich (1969): *Die Deutsche Ideologie. Kritik der neuesten deutschen Philosophie in ihren Repräsentanten Feuerbach, B. Bauer und Stirner, und des deutschen Sozialismus in seinen verschiedenen Propheten*, Erstveröffentlichung nach der Handschrift, Moskau 1932, in: Marx-Engels-Werke Bd.3, 5. Aufl. Berlin: Dietz

McKenzie, Richard B. / Tullock, Gordon (1984): *Homo oeconomicus. Ökonomische Dimensionen des Alltags*, Frankfurt/M.: Campus, (Original: The New World of Economics – Explorations into Human Experience, Homewood: Ill., 1978)

Menschik, Jutta (1985): *Feminismus. Geschichte, Theorie, Praxis*, 3. Aufl., Köln: Pahl-Rugenstein

Metz-Göckel, Sigrid (1987): *Die zwei (un)geliebten Schwestern. Zum Verhältnis von Frauenbewegung und Frauenforschung im Diskurs der neuen sozialen Bewegungen*, in: Beer, Ursula (Hg.) (1987a): Klasse Geschlecht. Feministische Gesellschaftsanalyse und Wissenschaftskritik, Bielefeld: AJZ, S.25-57

Meyer, Willi (1987): *Was leistet die ökonomische Theorie der Familie?*, in: Todt, Horst (Hg.) (1987): Die Familie als Gegenstand sozialwissenschaftlicher Forschung, Berlin: Duncker & Humblot, S.11-45

Mies, Maria (1978): *Methodische Postulate zur Frauenforschung*, in: Beiträge zur feministischen Theorie und Praxis, Heft 1, München, S.41-63

Mies, Maria (1988a): *Gesellschaftliche Ursprünge der geschlechtlichen Arbeitsteilung*, in: Werlhof, Claudia v. / Mies, Maria / Bennholdt-Thomsen, Veronika (Hg.) (1988): Frauen, die letzte Kolonie. Zur Hausfrauisierung der Arbeit, Erstausgabe 1983, Reinbek: Rowohlt, S.164-193

Mies, Maria (1988b): *Patriarchat und Kapitalismus. Frauen in der internationalen Arbeitsteilung*, Zürich u.a.: Rotpunkt

Mill, John Stuart / Taylor Mill, Harriet / Taylor, Helen (1976): *Die Hörigkeit der Frau*, in: Schröder, Hannelore (Hg.) (1976): Die Hörigkeit der Frau und andere Schriften zur Frauenemanzipation, Frankfurt/M.: Syndikat, S.125-278

Millett, Kate (1985): *Sexus und Herrschaft. Die Tyrannei des Mannes in unserer Gesell-schaft*, Reinbek: Rowohlt, (Original: Sexual Politics, 1969)

Mincer, Jacob (1958): *Investment in Human Capital and Personal Income Distribution*, in: Journal of Political Economy, Vol.66, S.281-302

Mincer, Jacob / Polachek, Solomon (1980): *Family Investment in Human Capital: Earnings of Women*, in: Amsden, Alice H. (Hg.) (1980): The Economics of Women and Work, Harmondsworth: Penguin Books, S.169-205, (Wiederabdruck aus: Journal of Political Economy, 1974, Vol.82, S.76-108)

Minte, Horst (1983): *New Home Economics. Thesen zum Verhältnis von Haushaltswissen-schaft und New Home Economics*, in: Hauswirtschaft und Wissenschaft (1983) 31, S.306-319

Mitchell, Juliet (1981): *Frauenbewegung – Frauenbefreiung* , Frankfurt/M.: Ullstein, (Original: Woman's Estate, 1966)

Müller, Ursula (1984): *Gibt es eine 'spezielle' Methode in der Frauenforschung?*, in: Zentraleinrichtung zur Förderung von Frauenstudien und Frauenforschung an der Freien Universität Berlin (Hg.) (1984): Methoden in der Frauenforschung. Frank-furt/M.: Fischer, S.29-50

Nave-Herz, Rosemarie (1988): *Die Geschichte der Frauenbewegung in Deutschland*, hrsg. von der Niedersächsischen Landeszentrale für politische Bildung, Hannover, Erst-ausgabe 1981, Schlütersche Verlagsanstalt: Hannover

Nelson, Julie A. (1992): *Gender, Metaphor, and the Definition of Economics*, in: Economics and Philosophie 8, 1992, S.103-125

Nelson, Julie A. (1993): *The Study of Choice or the Study of Provisioning? Gender and the Definition of Economics*, in: Ferber, Marianne A. / Nelson, Julie A. (Hg.) (1993): Beyond Economic Man. Feminist Theory and Economics, Chicago: University of Chicago Press, S.23-36

Neumann, John v. / Morgenstern, Oskar (1944): *Theory of Games and Economic Behavoir*, Princeton: Princeton University Press

Niggemann, Heinz (1981): *Emanzipation zwischen Sozialismus und Feminismus. Die sozialdemokratische Frauenbewegung im Kaiserreich*, Wuppertal: Hammer

Oakley, Ann (1972): *Sex, Gender and Society*, London: Harper

Ostner, Ilona (1978): *Beruf und Hausarbeit. Die Arbeit der Frau in unserer Gesellschaft*, Frankfurt/M.: Campus

Ott, Notburga (1991): *Die Wirkung politischer Maßnahmen auf die Familienbildung aus ökonomischer und verhandlungstheoretischer Sicht*, in: Mayer, Karl Ulrich / Allmendinger, Jutta / Huinink, Johannes (Hg.) (1991): Vom Regen in die Traufe: Frauen zwischen Beruf und Familie, Frankfurt/M.: Campus, S.385-407

Ott, Notburga (1992): *Intrafamily Bargaining and Household Decisions*, Berlin u.a.: Springer

Ott, Notburga (1993): *Die Rationalität innerfamilialer Entscheidungen als Beitrag zur Diskriminierung weiblicher Arbeit*, in: Grözinger, Gerd / Schubert, Renate / Backhaus, Jürgen (Hg.) (1993): Jenseits von Diskriminierung – Zu den Bedingungen weiblicher Arbeit in Beruf und Familie, Marburg: Metropolis, S.113-146

Parekh, Bhikku (Hg.) (1973): *Bentham's Political Thought*, London: Croom Helm

Peter, Johanna (1990): *Frauen und Ökonomie – oder: Der Versuch einen Zugang für Frauenforschung auf einem unwegsamen Gelände zu erkunden*, in: Schlüter, Anne u.a. (Hg.) (1990): Was eine Frau umtreibt. Frauenbewegung – Frauenforschung. Frauenpolitik, Centaurus: Pfaffenweiler, S.241-249

Pfaff, Anita B. (1994): *Frauenforschungsansätze in der Volkswirtschaftslehre*, in: Deutsche Forschungsgemeinschaft (1994): Sozialwissenschaftliche Frauenforschung in der Bundesrepublik Deutschland. Bestandsaufnahme und forschungspolitische Konsequenzen, hrsg. von der Senatskommission für Frauenforschung, Akademie: Berlin, S.190-220

Prokop, Ulrike (1976): *Weiblicher Lebenszusammenhang. Von der Beschränktheit der Strategien und der Unangemessenheit der Wünsche*, Frankfurt/M.: Suhrkamp

Pujol, Michèle A. (1992): *Feminism and Anti–Feminism in Early Economic Thought*, Worcester: Edward Elgar

Ramb, Bernd-Thomas / Tietzel, Manfred (Hg.) (1993): *Ökonomische Verhaltenstheorie*, München: Vahlen

Reinhold, Gerd (Hg.) (1991): *Soziologie–Lexikon*, München: Oldenbourg

Ribhegge, Hermann (1993): *Ökonomische Theorie der Familie*, in: Ramb, Bernd-Thomas / Tietzel, Manfred (1993): Ökonomische Verhaltenstheorie, München: Vahlen, S.63-87

Rudolph, Hedwig (1986): *Der männliche Blick in der Nationalökonomie*, in: Hausen, Karin / Nowotny, Helga (Hg.) (1986): Wie männlich ist die Wissenschaft?, Frankfurt/M.: Suhrkamp, S.129-145

Salomon, Alice (1906): *Die Ursachen der ungleichen Entlohnung von Männer- und Frauenarbeit*, in: Schmoller, Gustav / Sering, Max (Hg.) (1906): Staats- und sozialwissenschaftliche Forschungen, Heft 122, Leipzig: Duncker & Humblot

Schaeffer-Hegel, Barbara (Hg.) (1988): *Frauen und Macht. Der alltägliche Beitrag der Frauen zur Politik des Patriarchats*, Pfaffenweiler: Centaurus

Schaeffer-Hegel, Barbara / Watson-Franke, Barbara (Hg.) (1988): *Männer, Mythos, Wissenschaft. Grundlagentexte zur feministischen Wissenschaftskritik*, Pfaffenweiler: Centaurus

Scherhorn, Gerhard (1986): *Der Wandel der Präferenzen und die New Home Economics*, in: Hauswirtschaft und Wissenschaft (1986) 34, S.226-231

Scheu, Ursula (1977): *Wir werden nicht als Mädchen geboren – wir werden dazu gemacht. Zur frühkindlichen Erziehung in unserer Gesellschaft*, Frankfurt/M.: Fischer

Schilp, Marie-Lore (1984): *„Ökonomik der Familie“ – Reichweite und Begrenzungen des ökonomischen Ansatzes zur Erklärung familialen Verhaltens*, Krefeld: Marchal und Matzenbacher

Schlüter, Anne / Kuhn, Annette (Hg.) (1986): *Lila Schwarzbuch. Zur Diskriminierung von Frauen in der Wissenschaft*, Düsseldorf: Schwann

Schmid, Hans / Dosky, Doris von (1990): *Oekonomik des Arbeitsmarktes. Bd. 1, Arbeitsmarkttheorien: Stärken und Schwächen*, Bern u.a.: Haupt

Schmidt-Waldherr, Hiltraud (1988): *Die »Entbindung der Vernunft«. Zur Habermas'schen »Theorie des kommunikativen Handelns«*, in: Kulke, Christine (Hg.) (1988): Rationalität und sinnliche Vernunft. Frauen in der patriarchalen Realität, Pfaffenweiler: Centaurus, S.45-54

Schröder, Hannelore (1976): *Einleitung*, in: Schröder, Hannelore (Hg.) (1976): Die Hörigkeit der Frau und andere Schriften zur Frauenemanzipation, Frankfurt/M.: Syndikat, S.7-43

Schubert, Renate (1993a): *Ökonomische Diskriminierung von Frauen – Eine volkswirtschaftliche Verschwendung*, Frankfurt/M.: Fischer

Schubert, Renate (1993b): *Zur ökonomischen Diskriminierung von Frauen: Bedeutung, Ausmaß, Konsequenzen*, in: Grözinger, Gerd / Schubert, Renate / Backhaus, Jürgen (Hg.) (1993): Jenseits von Diskriminierung – Zu den Bedingungen weiblicher Arbeit in Beruf und Familie, Marburg: Metropolis, S.21-54

Schütz, Alfred / Luckmann, Thomas (1975): *Strukturen der Lebenswelt*, Darmstadt/Neuwied: Luchterhand

Schultz, Theodore W. (1961): *Investment in Human Capital*, in: American Economic Review, Vol.51, No.1, S.1-17

Schwarzer, Alice (1992): *Der „kleine Unterschied" und seine großen Folgen*, Erstausgabe 1977, Frankfurt/M.: Fischer

Schwarzer, Alice (Hg.) (1985): *Lohn: Liebe. Zum Wert der Frauenarbeit*, Erstausgabe 1973, Frankfurt/M.: Suhrkamp

Seccombe, Wally (1974): *The Housewife and Her Labor Under Capitalism*, in: New Left Review, No.83, S.3-24

Seel, Barbara (1991): *Ökonomik des privaten Haushalts*, Stuttgart: Ulmer

Segalen, Martine (1990): *Die Familie. Geschichte, Soziologie, Anthropologie*, Frankfurt/M.: Campus

Seifert, Ruth (1992): *Entwicklungslinien und Probleme der feministischen Theoriebildung. Warum kein Weg an der Rationalität vorbeiführt*, in: Knapp, Gudrun-Axeli / Wetterer, Angelika (Hg.) (1992): TraditionenBrüche. Entwicklungen feministischer Theorie, Freiburg: Kore, S.255-285

Smith, Adam (1990): *Der Wohlstand der Nationen. Eine Untersuchung seiner Natur und seiner Ursachen*, vollständige Ausgabe nach der 5. Aufl., London 1789, hrsg. von H.C. Recktenwald, 5. Aufl. 1990, München: Beck

Studer, Brigitte (1989): *Das Geschlechterverhältnis in der Geschichtsschreibung und in der Geschichte des 19. und 20. Jahrhunderts*, in: Feministische Studien 1/89, S.97-121

Swedberg, Richard / Granovetter, Mark (1992): *Introduction*, in: Granovetter, Mark / Swedberg, Richard (Hg.) (1992): The Sociology of Economic Life, Boulder u.a.: Westview Press, S. 1-26

Tietzel, Manfred (1981): *Die Rationalitätsannahme in den Wirtschaftswissenschaften*, in: Jahrbuch für Sozialwissenschaft 1981, Band 32, S.115-138

Tietzel, Manfred (1983): *Wirtschaftstheorie als allgemeine Theorie des menschlichen Verhaltens. Eine Analyse der 'New Home Economics'*, in: Zeitschrift für Wirtschaftspolitik, 32. Jahrgang 1983, S.225-242

Ulrich, Peter (1990): *Auf der Suche nach einer modernen Wirtschaftsethik. Lernschritte zu einer reflexiven Ethik*, Bern/Stuttgart: Haupt

Ulrich, Peter (1993): *Transformation der ökonomischen Vernunft. Fortschrittsperspektiven der modernen Industriegesellschaft*, 3. Aufl., Bern/Stuttgart: Haupt

Walch, Jutta (1980): *Ökonomie der Frauendiskriminierung*, Freiburg: Haufe

Weise, Peter u.a. (1991): *Neue Mikroökonomie*, 2. Aufl., Heidelberg: Physica

Werlhof, Claudia v. (1978): *Frauenarbeit: Der blinde Fleck in der Kritik der Politischen Ökonomie*, in: Beiträge zur feministischen Theorie und Praxis Heft 1, München, S.18-32

Werlhof, Claudia v. (1983): *Lohn ist ein „Wert", Leben nicht? Auseinandersetzung mit einer linken Frau. Replik auf Ursula Beer*, in: Prokla 1983, Nr.52, S.38-58

Werlhof, Claudia von / Mies, Maria / Bennholdt-Thomsen, Veronika (1988): *Frauen, die letzte Kolonie. Zur Hausfrauisierung der Arbeit*, Erstausgabe 1983, Reinbek: Rowohlt

West, Candace / Zimmerman, Don (1991): *Doing Gender*, in: Lorber, Judith / Farrell, Susan A. (Hg.) (1991): The Social Construction of Gender, Newbury Park u.a.: Sage, S.13-37

Wieland, Joseph (1989): *Die Entdeckung der Ökonomie. Kategorien, Gegenstandsbereiche und Rationalitätstypen der Ökonomie an ihrem Ursprung*, Stuttgart: Haupt

Wieland, Joseph (Hg.) (1993): *Wirtschaftsethik und Theorie der Gesellschaft*, Frankfurt/M.: Suhrkamp

Williamson, Oliver E. (1990): *Die ökonomischen Institutionen des Kapitalismus. Unternehmen, Märkte, Kooperationen*, Tübingen: Mohr, (Original: The Economic Institutions of Capitalism, New York: Free Press 1985)

Woesler de Panafieu, Christine (1987): *Feministische Kritik am wissenschaftlichen Andro-zentrismus*, in: Beer, Ursula (Hg.) (1987a): Klasse Geschlecht. Feministische Gesell-schaftsanalyse und Wissenschaftskritik, Bielefeld: AJZ, S.84-115

Wolf, Sabine (1995): *Neue Bewertungen: Der „kleine Unterschied" und noch immer keine Folgen für die ökonomische Theorie?*, in: Grenzdörffer, Klaus / Biesecker, Adelheid / Heide, Holger / Wolf, Sabine (Hg.) (1995): Neue Bewertungen in der Ökonomie, Centaurus: Pfaffenweiler, S.36-50

Woolf, Virginia (1993): *Orlando*, Frankfurt/M.: Fischer, (Original: Orlando. A Biography, 1928)

Zameck-Glyscinski, Walburga v. (1985): *Neoklassische Bevölkerungsökonomik*, München: VVF

Zetkin, Clara (1975): *Zur Geschichte der proletarischen Frauenbewegung Deutschlands*, Nachdruck der 1. Aufl. Berlin 1958, Frankfurt/M.: Roter Stern

Zimmermann, Klaus F. (1986): *Die ökonomische Theorie der Familie*, in: Felderer, Bern-hard (Hg.) (1986): Beiträge zur Bevölkerungsökonomie, Berlin: Duncker & Humblot, S.11-63

Klaus Grenzdörffer / Adelheid Biesecker /
Holger Heide / Sabine Wolf (Hg.)

Neue Bewertungen
in der Ökonomie

Ökonomie und soziales Handeln, Band 1,
1995, 182 Seiten, br., ca. 38,00 DM / 297,00 öS / 39,20 sFr,
ISBN 978-3-89085-977-4

Die Wirtschaftswissenschaft ist heute ausdifferenzierter denn je. Zu den traditionellen Gegenständen und Methoden wurden neue zugelassen. Dies führte vielerorts zum Befragen der Ursprünge der Klassik, Marxismus und Neoklassik zurück. Als wesentliche (Wieder-) Aufnahme ist die für ÖkonomInnen zentrale Frage nach dem ›Wert‹ anzusehen, zu dessen Begründung heute weder objektive noch subjektive Wertlehre mehr ausreichen. In das soziale Handeln im ökonomischen Raum fließt beides ein, hinzu kommt ein Bemühen um ethisch formulierte und akzeptierte Begründungen der neuen Werte von Natur, Dingen und Prozessen.

Inhalt:

Aktuell

Adelheid Biesecker / Klaus Grenzdörffer (Hg.)

Kooperation, Netzwerk, Selbstorganisation

Elemente demokratischen Handelns

Ökonomie und soziales Handeln, Band 2,
1996, 220 Seiten, br., 39,80 DM
ISBN 978-3-8255-0073-3

Sozial-ökologische Selbstorganisation im Unternehmen und in der Region, solidarische Ökonomie in Selbsthilfegruppen, diskursive Wertschätzung von Organisation, Technik, Weiterbildung - unsere Wirtschaftsweise ist im Um- und Aufbrauch. Gemeinsame Anstrengungen werden gemacht, um eine zukunftsfähige Wirtschaftsweise zu entwickeln. Gemeinsamkeit in der Ökonomie heißt Kooperation. Dabei ist noch weitgehend offen, was zukunftsfähig ist und was nicht. Diese Offenheit macht das Einbeziehen all derer nötig und möglich, die am wirtschaftlichen Handeln teilnehmen bzw. davon betroffen sind. Für eine solche Mobilisierung umfassender Kompetenzen sind veränderte Formen und Kooperationsprinzipien wirtschaftlichen Handelns gefragt Formen wie soziale Netzwerke, in denen in Prozessen der Selbstorganisation die Entwicklung von Neuem und die Verständigung über dessen Gestaltung gelingen kann. Mit den neuen Formen und Inhalten ökonomischen Handelns werden die Grenzen herkömmlicher Institutionen (Unternehmen, Haushalt, Staat, Markt usw.) praktisch überschritten und theoretisch in Frage gestellt. Ganz neue Sichtweisen auf das Wesen und die Gestaltbarkeit dieser Institutionen bilden sich heraus. Diese sind somit nicht mehr allein über herkömmliche Formen strategischen Handelns zu interpretieren. Denn im Gestaltungsprozeß einer zukunftsweisenden Wirtschaftsweise geht es nicht bloß um neue Mittel für alte Zwecke, sondern es geht auch um ganz neue Ziele. Gerade deren Bestimmung erfordert einen Verständigungsprozeß. Der Begriff des "demokratischen Wirtschaftens" beinhaltet somit bewußt einen normativen Aspekt.

Centaurus

MIX
Papier aus verantwortungsvollen Quellen
Paper from responsible sources
FSC® C105338

If you have any concerns about our products,
you can contact us on
ProductSafety@springernature.com

In case Publisher is established outside the EU,
the EU authorized representative is:
Springer Nature Customer Service Center GmbH
Europaplatz 3, 69115 Heidelberg, Germany

Printed by Libri Plureos GmbH
in Hamburg, Germany